| 上海文化发展基金会图书出版专项基金资助项目 |

未见沧桑

孙道临 王文娟 艺术人生珍藏

孙庆原 著

中国人民政治协商会议
嘉善县委员会 编

上海人民美术出版社

谨以此画册献给我的父亲孙道临、母亲王文娟

序一

  2021年于我是难以忘怀的一年。这一年是我父亲诞辰100周年，也是在这一年里，我亲爱的母亲离我而去，去往那鲜花盛开、宁静祥和的天国，和我的父亲团聚了。母亲的离去当然让我悲伤万分，但想到她是去了父亲那里，我心亦释然。他们这辈子，各自忙着自己的事业，聚少离多，现在总算可以安安静静，永远不分开了。母亲曾在她最后的日子里告诉我，如果有来世，她还是愿意嫁给我的父亲。

  母亲去世后，作为他们唯一的孩子，我有一种冲动：希望为他们做点什么！近一年来，我一直在整理父母留下来的成百上千张照片，心里想着，与其将照片珍藏在家里，何不把这些带有时间温度的精美照片做成一本画册，从我这个做女儿的视角，记录下父母这一生的生活印记，与广大热爱他们的观众和朋友们一起分享。我的父母一生历经沧桑，但他们信仰不变，初心不变，始终保持着一颗纯真的心，对生活充满了热爱。他们勤奋努力，创造了各自事业上的辉煌；他们善良，待人真挚，让每一个认识他们的人都感到温暖。他们活得精彩，让生命绽放出了绚烂。

  20世纪30年代，父母各自从北京和浙江嵊州，来到上海这个海纳百川的移民城市。从青年到暮年，父亲在这里走上了影坛，母亲在这里开始了她的舞台生涯。他们在这里相识相爱，共同养育了我。近七八十年间，他们从未离开这座城市，他们见证了上海这座城市半个多世纪的变迁，他们的一生与这座城市休戚相关，与这个国家、这个时代共命运。

  在这本画册里，我用一些小故事把我和我的父母，以及我父母各自艺术生涯中的照片串起来，让读者从一个女儿认为再普通不过的家庭生活中，探寻岁月在这座城市走过的印迹；也回溯到我父母艺术生涯中留下的难忘瞬间。

孙庆原
2023年7月

序二

孙道临先生和王文娟女士，是一对天作之合的恩爱夫妻，他们在各自的领域都取得了傲人的成绩。在中国电影百年史上，孙道临是一座表演艺术的丰碑，他的演艺生涯跨越了半个世纪的风风雨雨。一代越剧宗师王文娟，作为越剧开宗立派的泰山北斗，也一直走在越剧改革的时代前列，为越剧的传承和发展做出了卓越的贡献。

浙江嘉善是孙道临先生的故乡，改革开放以来，他携夫人王文娟女士多次回到家乡。2003年，嘉善县建设了嘉善文化艺术中心暨孙道临电影艺术馆，这是我国第一个以电影艺术家名字命名的综合型电影艺术馆。县政协与孙道临夫妇及其家人保持着长期的友好交往。孙先生去世以后，嘉善县每年都举办以他冠名的各类文化艺术活动。2009年，县政协文史委编撰出版了《孙道临纪念文集》。2021年，孙道临诞辰100周年之际，县委、县政府主办了孙道临诞辰100周年纪念活动，县政协文史委在《嘉善文史》杂志刊登了纪念孙道临诞辰100周年专辑。

此次出版的《未见沧桑：孙道临 王文娟艺术人生珍藏》一书，是孙庆原女士编撰的，是一本从女儿的第一视角，记录父母一生轨迹的艺术画册。这本书以时间为线索，照片为血肉，文字为灵魂，从他们年轻时初涉演艺之路，到事业的高峰和低谷，从他们的家庭生活到亲情、友情和师徒情，本书呈现了他们作为普通人的一面，这使得我们更加真实地看到了这对夫妻在艺术道路上的坚持和努力，以及他们对家庭和亲人的深厚情感。本书通过对二老艺术历程的呈现，反映了中国电影和越剧的发展变迁，记录了中国现代文化艺术的重要历史片段，为后人研究和了解中国电影和越剧提供了珍贵的资料和参考。

希望本书能够让更多的人了解孙道临先生和王文娟女士，珍视他们的艺术遗产，同时也能够激励更多的年轻艺术家，保持初心，为中华文化的传承和发展做出自己的贡献。

政协嘉善县委员会
2023年7月

目录

序一	孙庆原	7
序二	政协嘉善县委员会	9

第一篇　我和我的父母

第一章	京沪两地	18
第二章	沪上两条平行线相交	50
第三章	我们家的那些事儿	72

第二篇　父亲孙道临的电影之路

第一章	水银灯下	141
	初登话剧舞台	144
	青涩的银幕形象	148
	银幕黄金时期	153
	演而优则导	179
	帮母亲圆梦	195
	光影四十载	200
	中国电影的传播者	203
第二章	语言艺术	215
	醉心于配音	216
	钟情于朗诵	223

第三篇　母亲王文娟的越剧生涯

第一章	舞台春秋	233
	"阿姐老师"	236
	领衔"同孚"	238
	"皇后"的"双头牌"	241

与"尹皇"在"兰心"	242
入"玉兰"进"明星"	245
"姐妹班"	254
参军北上	266
编入"上越"	271
常青树	288

第二章 "性格演员"   313
  一人千面   316
  经典回放   322

后记   孙庆原   343

人間有紅塵萬丈旅途崎嶇笑無窮
會百般憂歌於人何苦忸怩嘆孤獨
孤飛孤竟一占盡風流歎世態雄小
逆去留留馬名唯有青山綠水長
流花香入夢雨白風清瞪曉者更攀
絕頂歷盡銀辛臨險隘垂長歌當
哭於陵前到終究悔清白身不愧折腰
更求庖尊高貴寧我為浮雲唯有青山
為西綠水幸流凡人心迷暖人風情

右錄拙作越劇電視連續劇《孟麗君》片頭歌詞代
蓬壤

爸爸为越剧电视连续剧《孟丽君》创作的片头曲手迹　　妈妈画的牡丹，爸爸题的字

2021年是爸爸诞辰100周年，
又是妈妈离开我的一年，
愿他们天国相会，
再合写一首"舒伯特和林黛玉的诗"。

第一篇

我和我的父母

第一章　京沪两地

第二章　沪上两条平行线相交

第三章　我们家的那些事儿

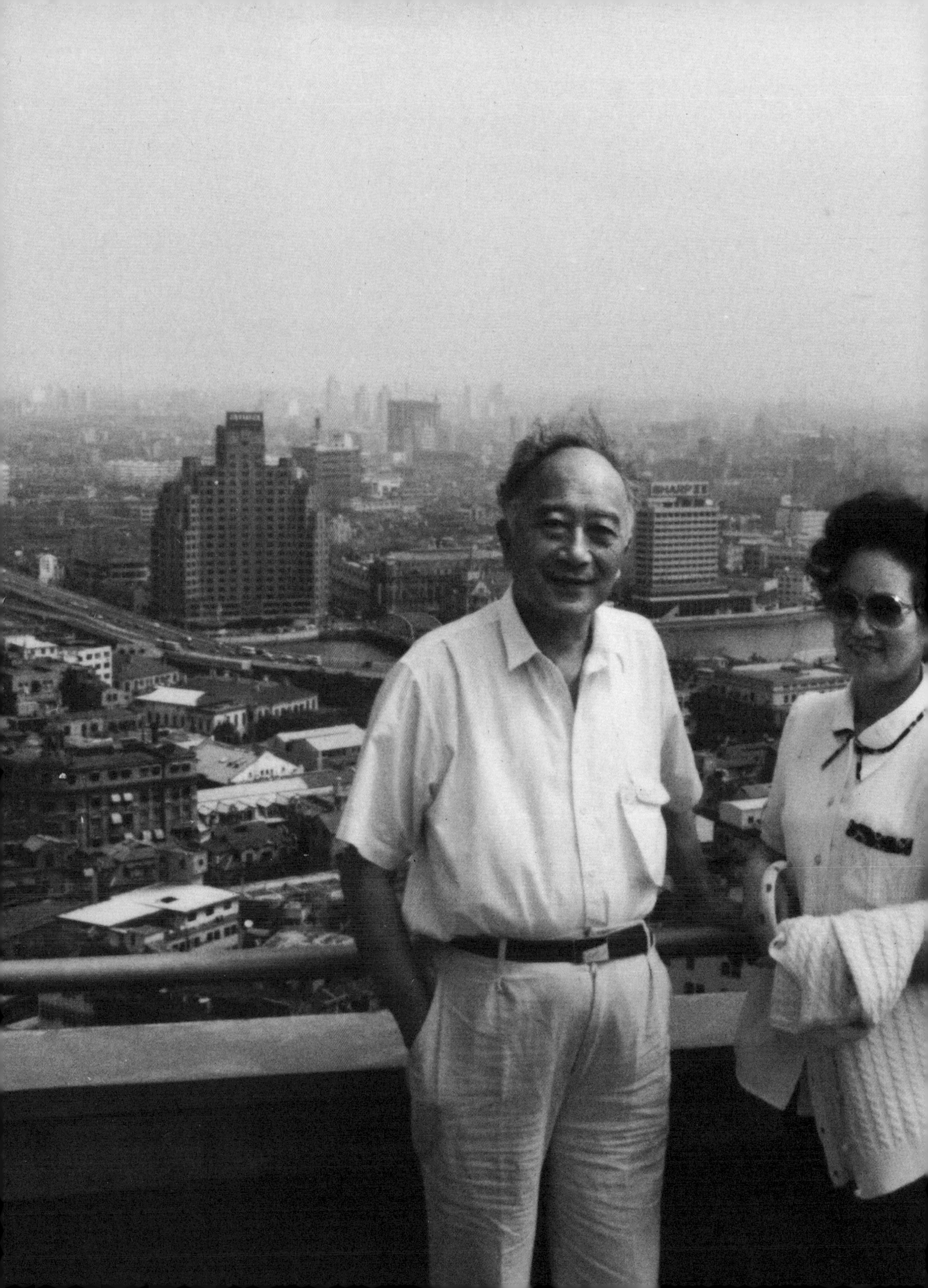
SHARP

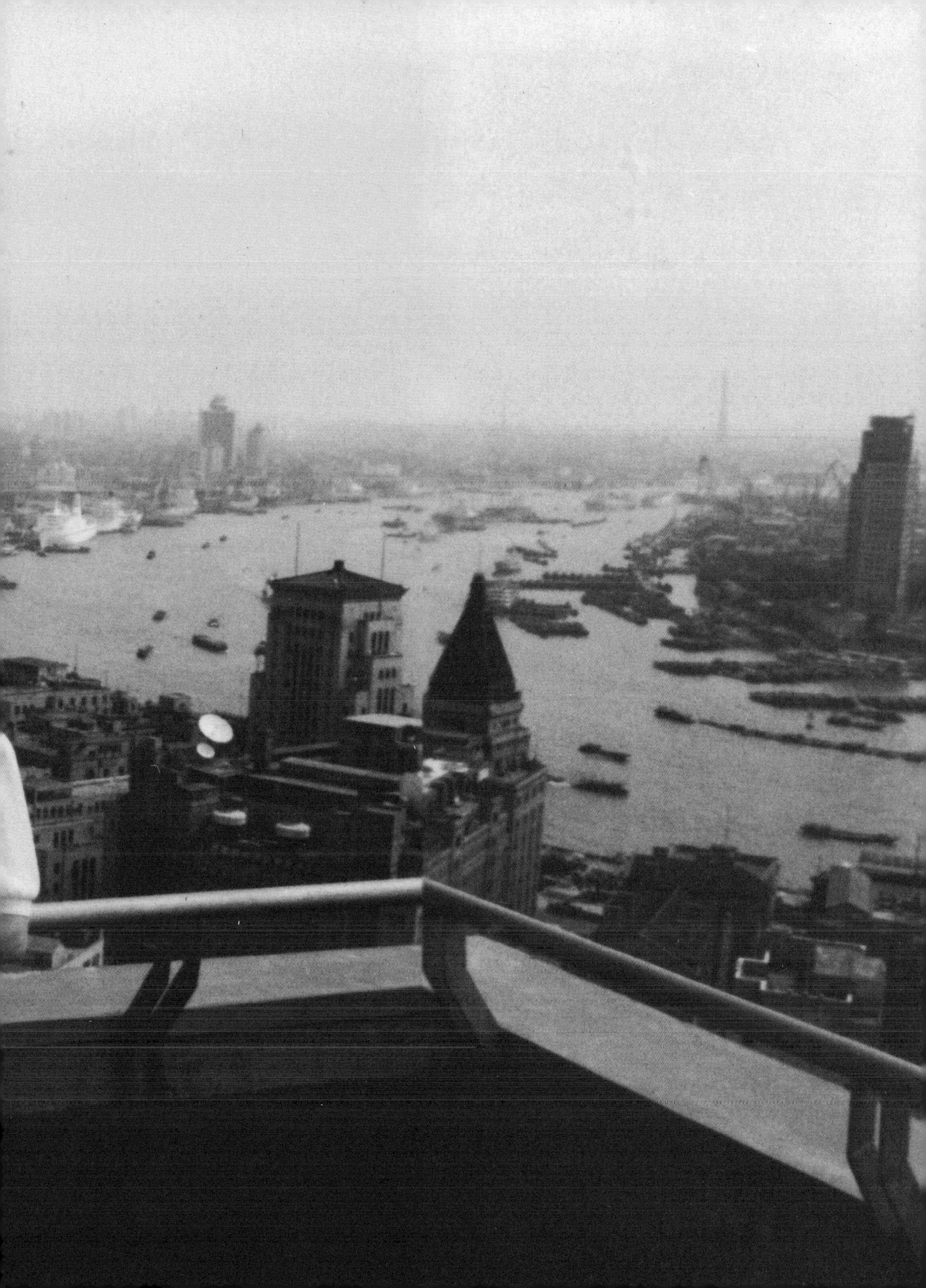

第一章 京沪两地

左图：左起依次是胡文耀、孙文耀、翁文灏，摄于赴欧留学期间。
右上图：祖父留学比利时鲁汶大学的纪念章
右下图：祖父肖像照

    我的祖父孙文耀，祖籍浙江嘉善。1908年，祖父孙文耀与翁文灏、胡文耀同时从震旦预科毕业（时称"震旦三文"），考取浙江省官费留学比利时的鲁汶大学，学成归国后担任北京政府交通部技正（今总工程师）兼考工科科长。

□■ 左上图：爸爸与祖父的合影（1933年）
左下图：五六岁时的爸爸和他的哥哥姐姐们在家中的花园里
右图：爸爸幼年时与祖母摄于北京惜薪司家中庭院

1921年农历十一月二十日，爸爸出生于北平。祖母范念华养育了五个儿女，爸爸是家中最小的孩子。

又已了一年，已经五岁了。
七月也，坐在书房之后园之草丛中。

■□ "坐草地上呆呆地望着天空。又过了一两年，还只知道在家中呆呆地坐着。"（爸爸自题）

□■ 左图：1936 年，北京崇德中学高中二年级生合影，第一排右二是爸爸。

右上图：1928 年，爸爸在崇德小学念书时的照片。

右中图：1935 年夏，爸爸于崇德中学初中毕业时的照片。

右下图：崇德高中时期的爸爸

上图：1936年，在家中花园里读书。"从高中一年级起开始爱好文学还懂得了俏皮，在走廊上看《死魂灵》要拍个照还做个鬼脸。"（爸爸自题于照片背面）

下图：爸爸憧憬着未来

■ 1938年春，爸爸于北海公园。

　　祖父因病在家休养，起先还有干薪可拿，后来因为他坚持不肯为日伪效力，触怒了当局，铁路局取消了他的薪水。家计日益窘迫，但祖父坚信国家不能永远这么积贫积弱，没有人才就没有中国的将来，再艰难也要上大学。1938年，祖父卖掉房子供爸爸上了燕京大学。

□ 我的外祖父王友泉、外祖母竺银妹

  1926年农历十二月十九日，我的妈妈出生于越剧之乡——浙江嵊县（现嵊州市）黄泽镇坑边村（今灵溪村）。我的外祖父毕业于绍兴新学堂，在乡村以教书为生。祖辈在村里属于"新撑"人家，家中有数十亩田地。大概在妈妈10岁时，她的祖父在匪乱中被"请财神"（绑架），我外祖父为救父亲卖光了田产，从此家境日益艰难。妈妈是家中长女，为了生计，她决定投奔在上海唱戏的表姐竺素娥。

左图：妈妈来上海时，外婆给她准备的放置衣物的小皮箱。

右图：妈妈说，这张照片是刚到上海时，剧团的任伯棠大姐陪着她去照相馆拍的，是她人生中第一张照片。照片里的她还是一副没有长开的样子，正如她自传里写的那样："瘪嘴巴小眼睛，其貌不扬。"

1938年，对我的爸爸妈妈来说是他们各自人生中至关重要的一年。那一年，我爸爸考入燕京大学，而我妈妈还不足12周岁，在那年的8月只身来到上海，开始了她的学艺生涯。

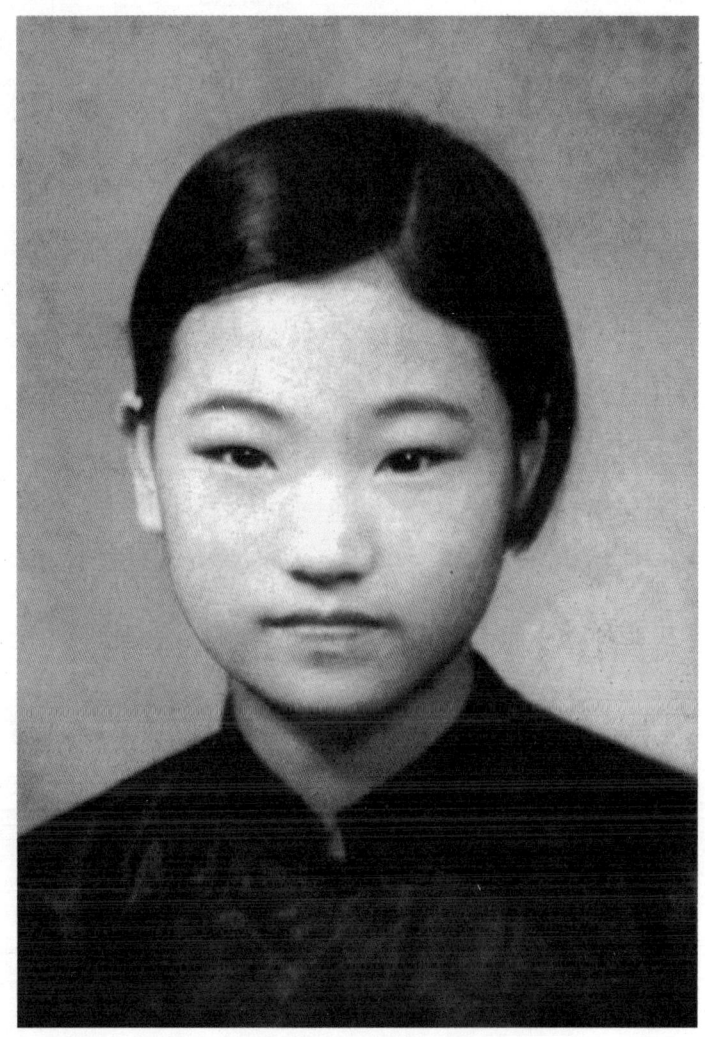

爸爸在燕京大学校园里

在燕大的第一年，爸爸经常和同学探讨有关人生和理想的问题，他喜欢上了哲学，第二年由经济系转入哲学系。

上图：原天香大戏院（现址在天津路香粉弄）
下左图：妈妈走访天津路香粉弄
下右图：天津路香粉弄

  2008年，妈妈走访天津路香粉弄，不住地感叹："一点都没变，一点都没变！"
  这里就是妈妈初到上海落脚的地方——天香大戏院，当年曾是位于上海饭店东首的煤业大楼。在这里，年幼的妈妈上午练功，下午、晚上跑龙套，等散戏后搬开观众座椅，铺上席子睡在地板上。每年歇夏或封箱不演出时，妈妈只能借住在她老师的朋友家。

《牧羊图》，黄英浩绘，上海油画雕塑院。

太平洋战争爆发后，燕京大学被迫关闭。爸爸听从祖父的建议，在位于北京市郊的德胜门交道口牧羊，以售卖羊奶为生。这段经历对爸爸来说可谓刻骨铭心，人生中第一次体会到生活的艰辛。

直至暮年，爸爸依旧记得那五只羊的名字——大公羊、大大、小黄羊、小小、娇娇，甚至能说出它们的脾性、眼神。天性浪漫善良的爸爸不懂经营，遇到贫病的订户，他经常不收钱把羊奶送人，这样苦撑了一年之后，他的羊倌生涯以失败告终。

也是在1942年，跟随表姐学艺的妈妈，逐渐开始了"单飞"，歇夏时经常和团里的演员组班去浙江、上海郊县一带演出。

□■ 20 世纪 40 年代中期的妈妈

左图：重返燕京大学的爸爸
右图：同时期的妈妈

大学期间，爸爸在好友黄宗江的影响下对戏剧表演产生了兴趣，经常参加燕京剧社的一些演出。20世纪40年代中期，迫于生活，爸爸由"业余爱好"转入"正式职业"，先后加入了中旅剧团、国华剧团、南北剧社等，活跃在京津沪的话剧舞台上，并于抗战结束后的第二年（1946年），返回燕京大学完成学业，获文学学士学位。

同时期，妈妈在表姐老师的提携下，唱上了头肩花旦，开始在上海的越剧舞台上崭露头角。

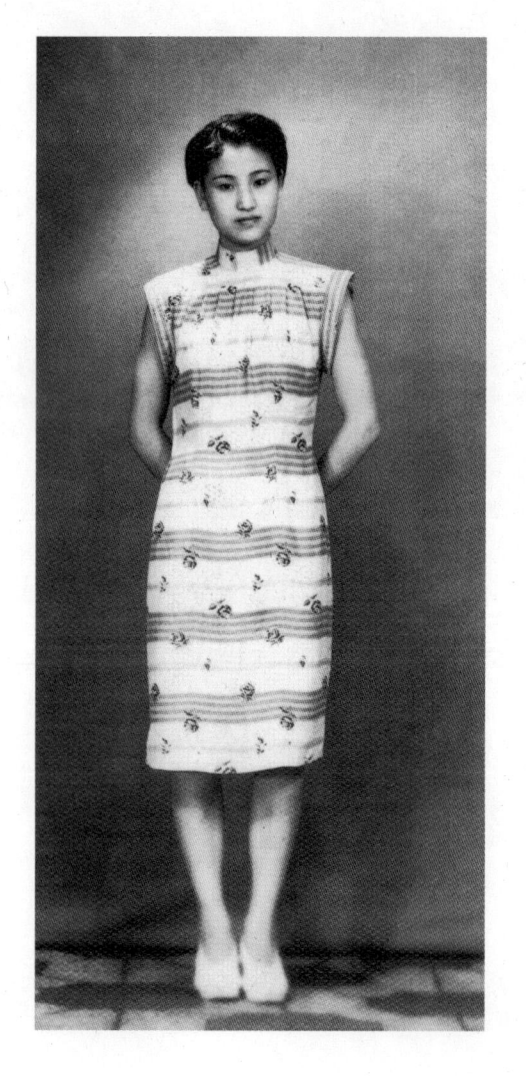

左图：20世纪40年代后期的爸爸
右图：妈妈和徐玉兰阿姨

　　1948年春，爸爸从北京来到上海，加入金山领导的清华影业公司，拍摄了他影剧生涯中第一部电影——《大团圆》。

　　1947年至1949年也是妈妈演艺事业的上升期，她先后加入少壮、芳华、玉兰剧团，尤其是和徐玉兰阿姨搭档，开始了她们长达半个世纪的舞台合作生涯。

1949年上海解放后，爸爸妈妈分别迎来了他们的新生活，爸爸与张瑞芳、白杨、赵丹、秦怡等成为上影厂的第一批电影演员。

对妈妈来说，同样是"眼前仿佛是换人间"。她在自传里写道："过去演戏是为了挣钱养家糊口，现在我们成了国家的主人，演戏是为人民服务。大家顿时觉得地位不一样了，有一种受重视的自豪感、使命感和光荣感。对于眼前这个新世界，我们从一无所知，到将信将疑，再到终于接受，是有一个过程的。经历过那个年代的文艺界人士，可能不少和我有着相似的感触吧。"

■□ 1951年,上海越剧界为捐献一架"越剧号"战斗机联合义演《杏花村》。
（前排左起:陆锦花、竺水招、傅全香、徐玉兰、徐天红,后排左起:吴小楼、尹桂芳、张桂凤、范瑞娟、袁雪芬、王文娟、戚雅仙）
□■ 上海解放初期的爸爸（前排右八）与他的同事

■□ 爸爸入朝前在天安门前留影
□■ 上图：1953年4月24日，在人们欢送的鲜花和歌声中，妈妈（左起第四）和她越剧队的姐妹们"雄赳赳气昂昂"地跨过了鸭绿江。
中图：妈妈入朝前和战友在做准备工作
下左图：爸爸从朝鲜战场上带回的炮弹壳
下右图：上海电影制片厂赴朝队伍，前排左起：叶小珠，铁牛，孙永平，史原，穆宏。后排左起：冯喆，金乃华，仲星火，潘文展，王琪，孙道临，凌之浩，范正刚。

1952年年底，上影厂13名演员赴抗美援朝前线深入生活，爸爸正是其中一员。而妈妈也在当年的7月随剧团北上，参加了中央军委总政部文工团越剧队，并在第二年的4月赴朝鲜慰问演出。这一段共同的经历，成为我父母人生中最为珍贵的记忆。值得一提的是，提出请妈妈所在的玉兰剧团赴朝鲜慰问演出的，正是爸爸的好友黄宗江，6年以后，他将成为爸爸妈妈这段姻缘的大媒人。

35

朝鲜的冬天，零下40多摄氏度，呼出去的热气立即就结了冰，轻轻捏一下鼻子，鼻翼就冻在了一起。妈妈她们在露天为志愿军演出，戏服里面穿着丝棉袄，水袖甩出去没有任何感觉。到了夏天，夏装来不及发，她们就穿着棉服冒着酷暑继续演出。在这样艰苦的条件下，她们坚持了整整八个月。

左上图：妈妈从朝鲜带回来的纪念衬衫，作为礼物送给了小舅。

右上图：立了战功的妈妈

左下图：妈妈的奖章，左起依次是朝鲜民主主义人民共和国三级国旗勋章、中国人民志愿军抗美援朝出国作战70周年纪念章、志愿军司令部授予的二等军功章。

右下图：妈妈的二等军功证书

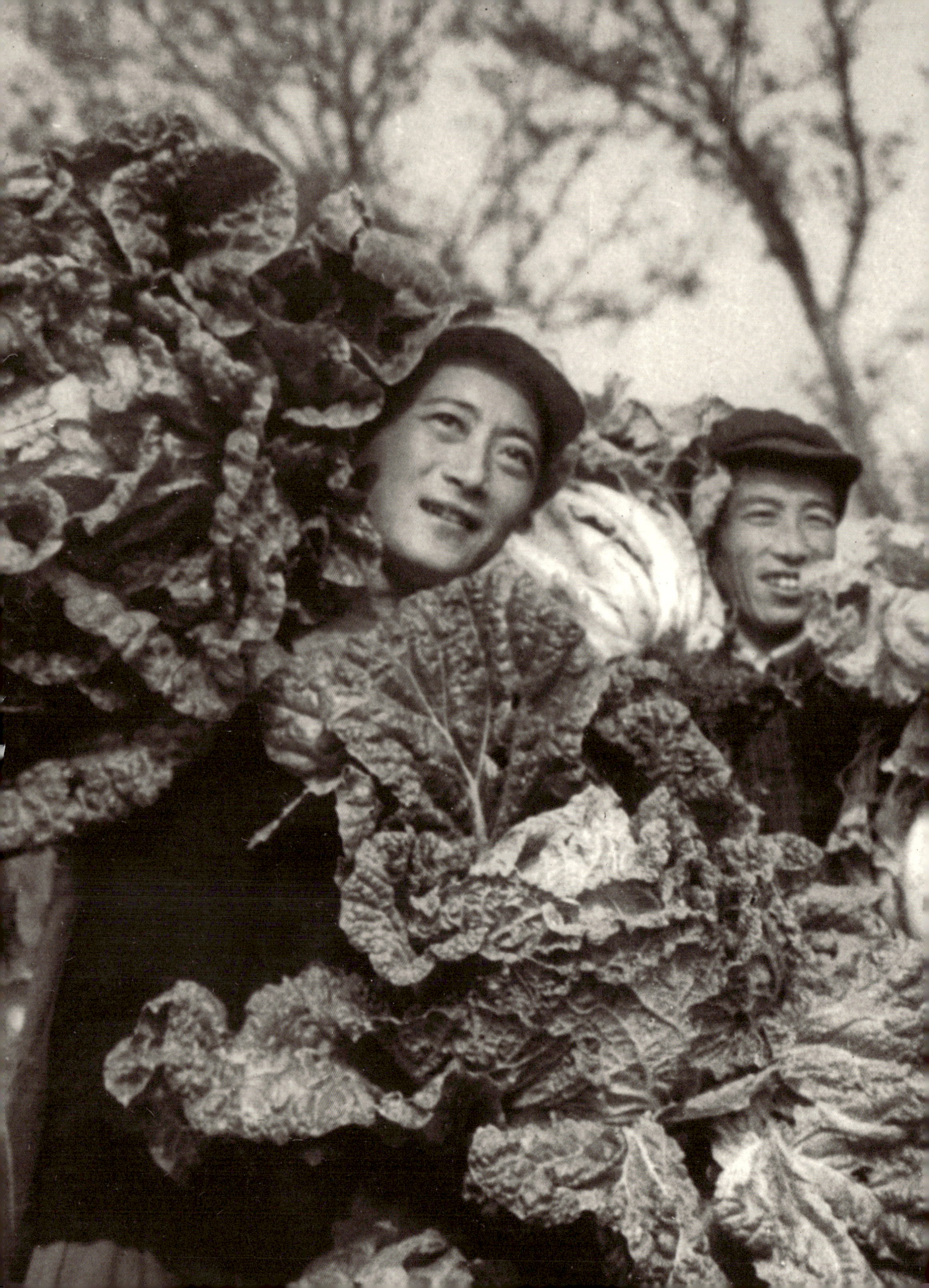

■□ 爸爸在上海马桥公社劳动
□■ 上图：史原（右一）、韩非（左一）、吴茵（左三）和爸爸（右三）在上海重型机械厂
中图：爸爸和同事吴茵阿姨在上海马桥公社
左下图：朗诵演出，右起依次是上官云珠、黄宗英、爸爸。
右下图：20世纪50年代，爸爸下基层，在街道演出宣传。左起依次是孙景璐、陈述、爸爸。

20世纪50年代，爸爸为了塑造好工农兵形象，深入农村和工厂体验生活。

1957年，爸爸去福建慰问解放军。刚从朝鲜归国的妈妈，已经在1954年4月到福建慰问解放军了，比爸爸提早了好几年。这几张照片，仿佛时空交汇，妈妈正在聆听爸爸演唱《骑马挎枪走天下》，爸爸正在欣赏妈妈的舞姿。

41

■□ 20世纪50年代，妈妈去绍兴体验生活。

□■ 1958年，妈妈随团下乡演出，与农民一起下地劳动。

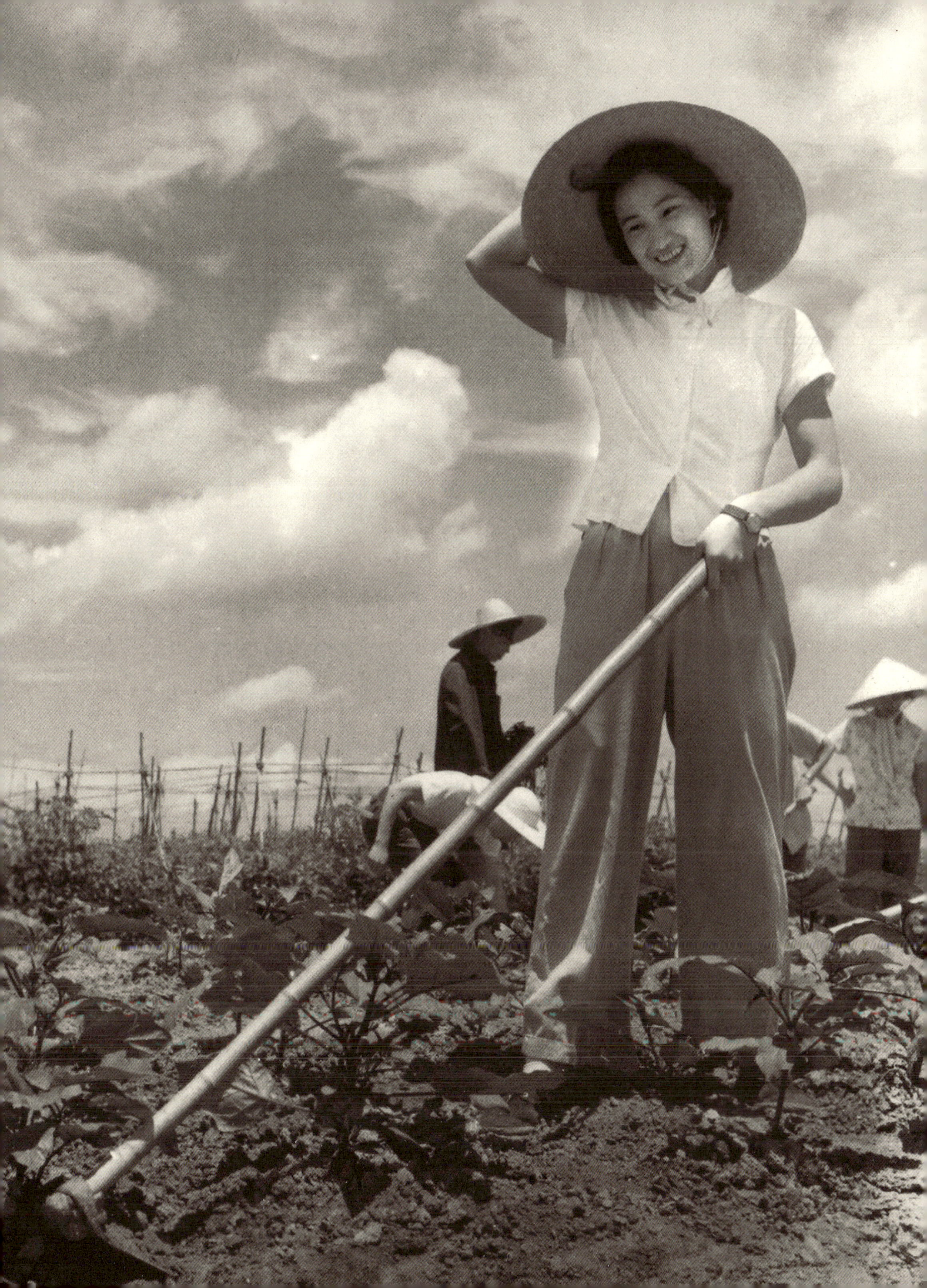

上左图：父亲和祖母在密丹公寓前
上右图：密丹公寓的租赁合同（1953年）
下图：爸爸在密丹公寓

爸爸从朝鲜回来以后，把祖母从北京接到了上海，住进武康路上的密丹公寓。

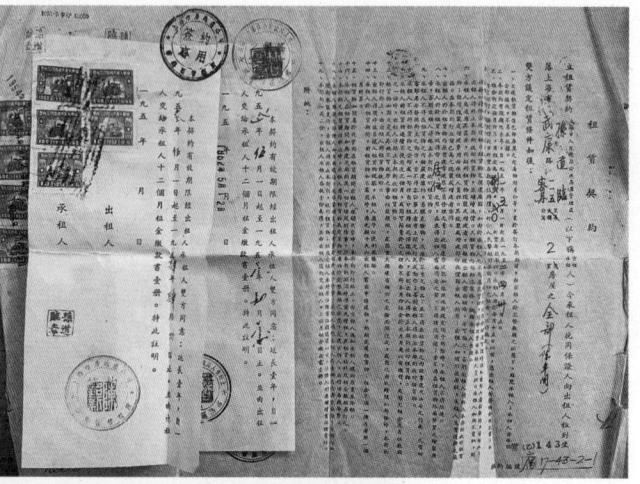

□■ 妈妈和外公、外婆、小舅在枕流公寓

　　上海一解放，妈妈就将外公、外婆和两个正上中学的舅舅接来，1957年，由泰兴路搬到位于华山路上的枕流公寓。妈妈担负着全家的生活费用，还培养舅舅们上了大学。一家人能够在一起，她很开心。

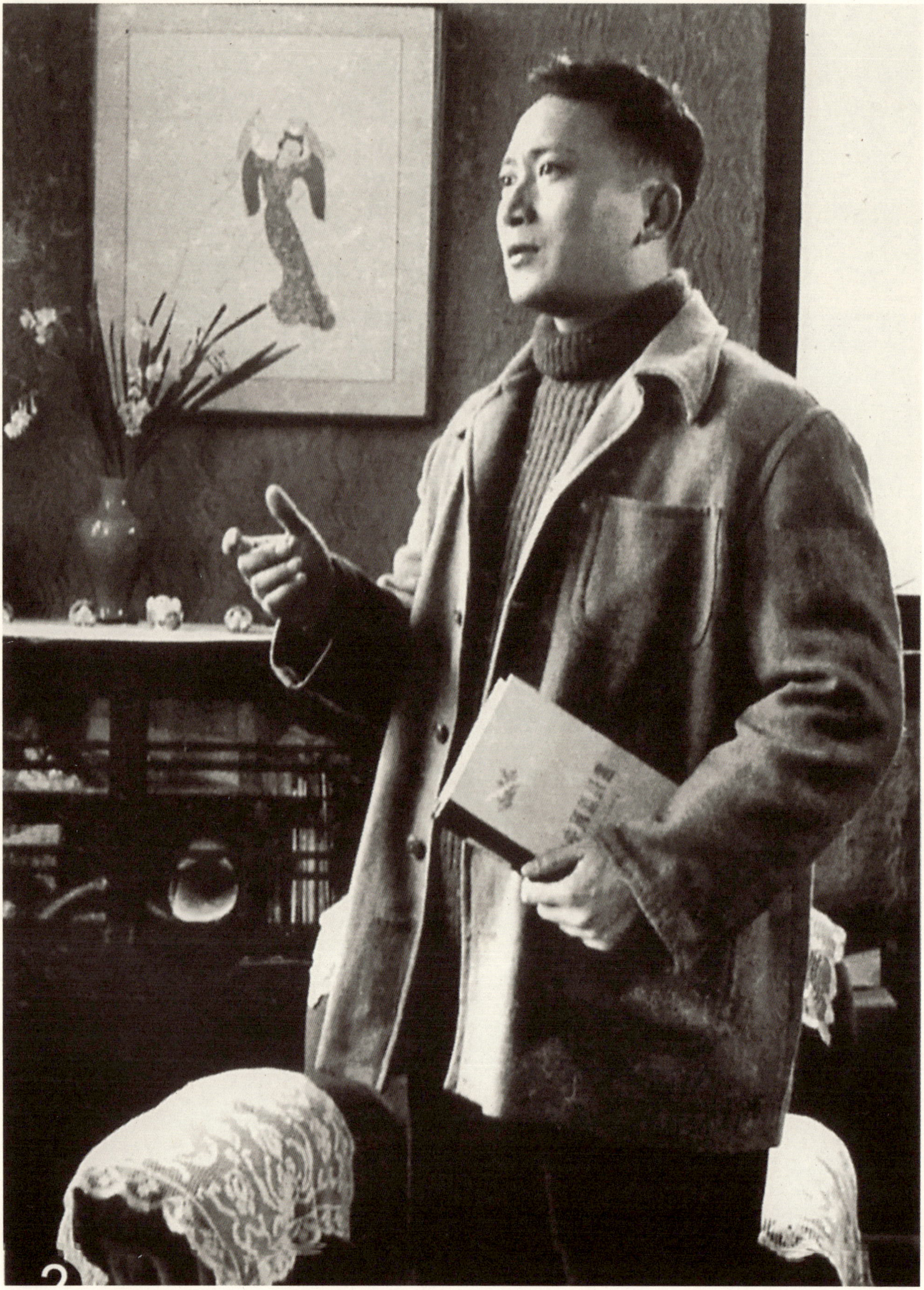
2

■□ 爸爸在密丹公寓家中
□■ 妈妈在枕流公寓家中

　　著名摄影记者陈莹拍摄的"爸爸在密丹公寓家中"和"妈妈在枕流公寓家中",时间分别为1957年的2月和9月。那时他俩还未相识。

中图：1962年8月1日，父母结婚不久，爸爸所在的电影演员队和新闻记者队举行了一场篮球比赛。新闻记者队的队员进攻，爸爸防守，在他后面的是电影演员舒适。

除了工作，爸爸的业余生活也很丰富，唱歌、摄影、体育运动都是他喜欢的，他还与上影厂的同事们组建了一支业余篮球队。

左上图：妈妈在越剧院练唱
左下图：在枕流公寓的家中练功
右两图：业余时间抓紧"充电"

　　妈妈的生活几乎全被工作占据，业余时间，她抓紧读书、学习，弥补学历教育的不足。几年前，我读到一篇刊登在1958年《中国戏剧》上的《我的红专规划》，简直不敢相信洋洋洒洒的两千文字出自妈妈之笔。《我的红专规划》构建清晰，条理分明，更难得的是，妈妈始终保持着至诚至性，一篇任务性质的"规划"，也写得实实在在，用现在的时髦词汇来讲，全是"干货"。从《我的红专规划》中我们可看出她善思考，有思想，有主见。

第二章 沪上两条平行线相交

　　1958年春，经由黄宗江伯伯的介绍，我的爸爸妈妈，这一对标准的剩男剩女以相亲的方式正式认识了。那一年，爸爸37岁，妈妈32岁。以恋人的身份交往不久，爸爸向妈妈要了这张小照（左图），珍藏在他的钱夹里。

请给我一缕阳光，
不是弯曲地从小树林爬过来的那缕，
不是紫燕从南方衔来的那缕，
不是锁在公园的湖面上的那缕，
不是躺在茫茫的散枝上的那缕。

它，属于你的心灵，
躺在你的眼里，
请给我一缕阳光！

——孙道临

■□ 左图：妈妈送给爸爸的第一张照片
　　右图：第一次见面之后，爸爸写给妈妈的一首小诗。
□■ 爸爸和妈妈的肖像照

两人相识后，爸爸开始给妈妈写信，但各自都忙于工作，不是爸爸去外地拍片，就是妈妈离开上海巡回演出。翻看妈妈的相册，那一年她除了演出，还随上海越剧院出访了苏联和越南。

爸爸那时也在忙着拍电影，但只要两人都在上海，爸爸便会约妈妈出来，他俩都是公众人物，白天不敢公然逛街看电影，只能晚上相约出去走走。

武康路、华山路、湖南路、淮海路是他们散步的主要路线，妈妈戏称这是她和爸爸之间的"十八相送"。

■□ 左图：爸爸在背台词
　右上图：爸爸在北京天安门广场
　右下图：妈妈在莫斯科红场
□■ 妈妈出访越南

53

1960年，爸爸在北影拍《革命家庭》，正逢妈妈去北京参加文教精英大会，两人相约去北海公园划船。进园后，爸爸被一群学生影迷认出，围着他要签名，眼见人越围越多，妈妈只能硬着头皮上前充当"救兵"。妈妈说："在上海可都是别人保护我的，那次却要我去保护他。"语气中颇带委屈，却是一脸笑意。

爸爸妈妈跳上小船,依然遭影迷"水上追逐"。妈妈不太会划船,越着急越打转转,爸爸都给拍下来了。

□ 妈妈在香港访问期间的优美舞姿

　　就在他们的恋爱关系日益明朗的时候,爸爸年轻时的一段经历成为他们婚姻政审中一道过不去的坎,妈妈很痛苦,提出了分手。分手那晚,爸爸流下了眼泪,此后他再也没来找过妈妈。

　　这一年的年底,妈妈随上海越剧院赴香港演出,繁重的演出任务,并没有让她放下这段感情。

□■ 爸爸在杭州

　　从香港回来后，妈妈发现自己心里舍不下爸爸，于是决定去找爸爸。两人又恢复了交往。

■□ 爸爸妈妈的结婚照
□■ 陈述伯伯为爸爸妈妈拍的结婚照

  在张瑞芳阿姨的帮助下，由周恩来总理夫妇出面，澄清了爸爸所谓的"历史问题"，我的爸爸妈妈终于能够顺利结合。
  1962年7月3日，他们在上海登记结婚了。

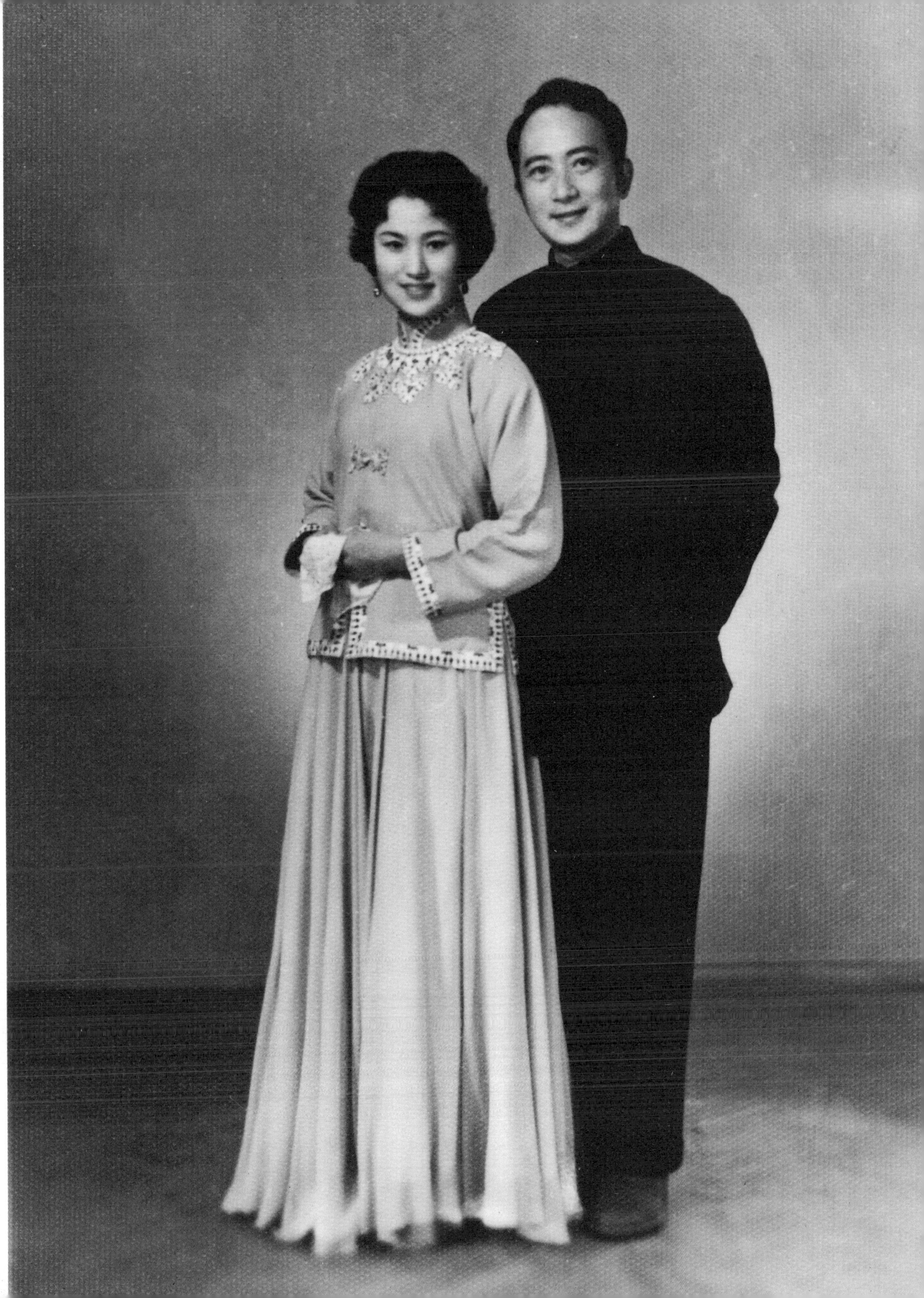

■□ 左图：爸爸送给妈妈压箱底的衣料
右上图：妈妈这张新娘单人照是爸爸最喜欢的，晚年他经常翻看的一本宋词中就夹着这张照片。
右下图：爸爸结婚时的单人照
□■ 西子湖畔的新婚夫妇

"结婚照是在家里请道临的同事陈述帮忙拍的。
道临喜欢我穿中式服装，特地送来一块浅紫色小花的绸缎，打算让我做件旗袍，结果他买的料子尺寸不对，横竖什么也做不成，数十年来压在箱底。我另外选了一套水红色的中式袄裙，道临穿了中山装。"

——王文娟

那天，爸妈在上海文艺会堂摆了两桌酒，邀请了一些亲友邻居，由我小舅担任司仪，举行了一场新郎新娘缺席的婚礼。当人们吃着喜糖，推杯换盏祝福新人的时候，他俩正在去往杭州旅行结婚的火车上。他们选择的这种结婚方式在当时看来属于十分前卫和新潮，但其实妈妈说，他们只是害怕应付不来婚礼的喧闹，躲清静去了。

"我以前曾在杭嘉湖一带演出，对西湖山水再熟悉不过。但这一回身边的人不一样，西湖的美仿佛也有了不同。"
——王文娟

文娟道临大吾
平侧敬赠

此题册乃廿一年前所作
文娟同志主演《则天皇帝》时所绘速写后附印
封剧本扉围余以此赠
平仰同志福命后平仰同志此赠
文娟道彭同志嘉祺文革敉佚后又内文娟我四
属余再题此字惜平仰同志河五多年今再
见此画册会念名贴歎雅合先人生如朝如
人重時辛未冬拔雪后再题为後请正书
文娟
道临同志久叙
程十发于三金书屋

■□ 程十发大师所画的妈妈演出《则天皇帝》的人物速写，由时任上海市文化局局长的徐平羽作为新婚贺礼转赠给了我父母。

看着这张照片，我想对 1962 年的爸爸妈妈说：新婚快乐！

爸爸、妈妈在庐山游玩时的留影

　　1962年9月中秋前夕，上影厂和越剧院同时给我父母放假，让他们去庐山度蜜月，同行的还有妈妈的搭档徐玉兰阿姨和她的先生。

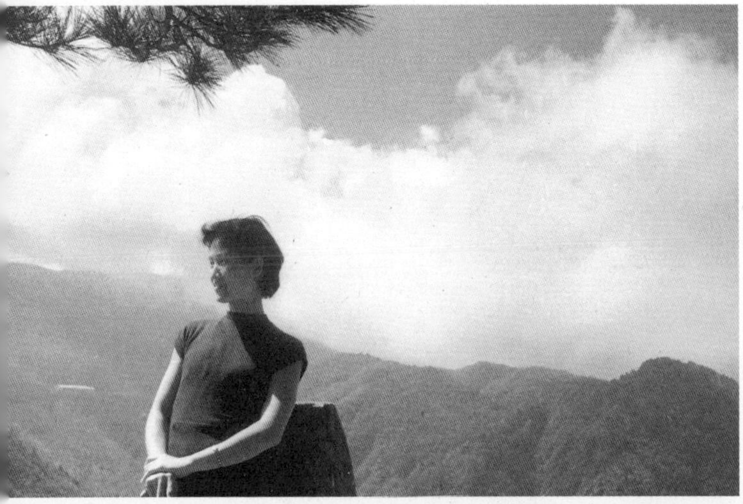

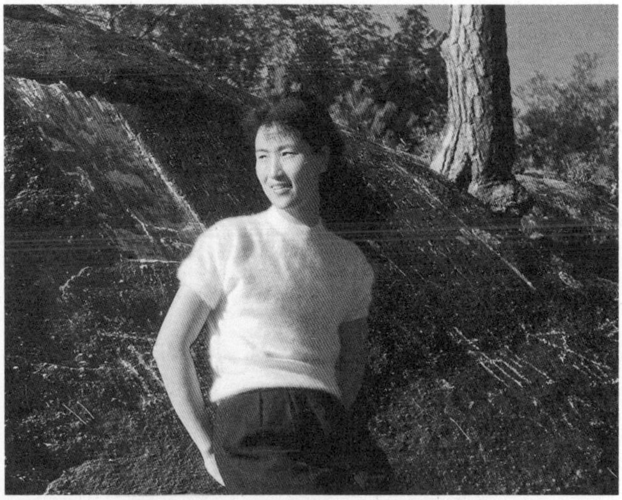

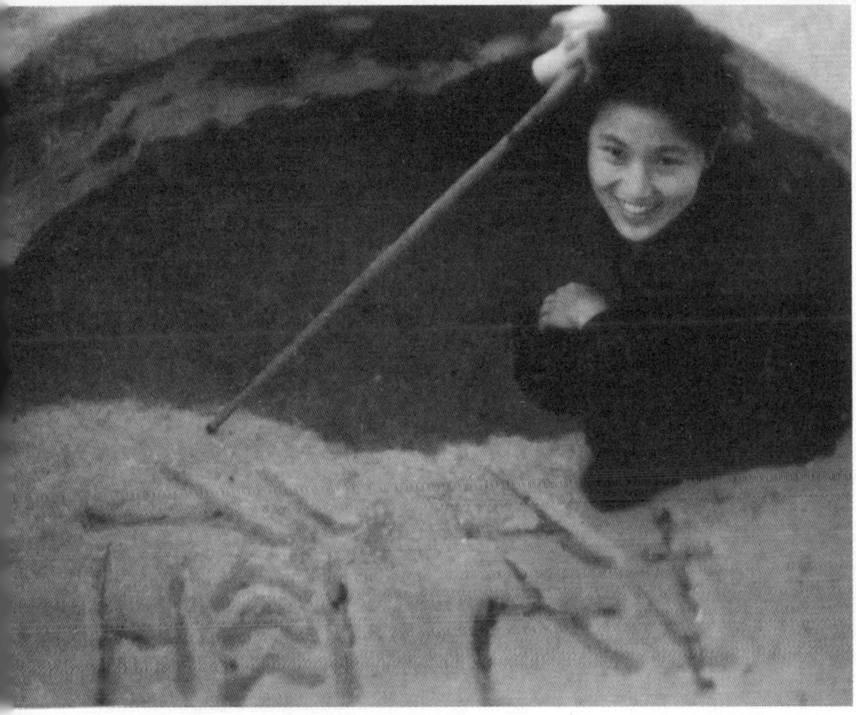

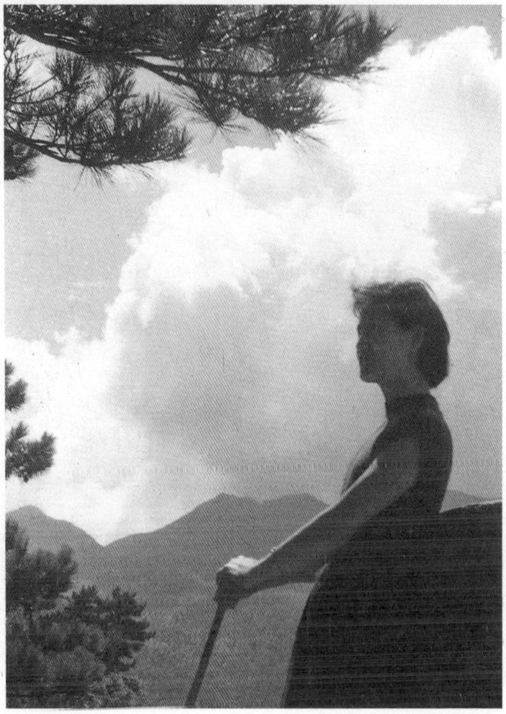

庐山度假的影集中鲜有爸爸的单人照，沉浸在新婚喜悦中的爸爸，对着妈妈拍啊，拍啊，拍不够。

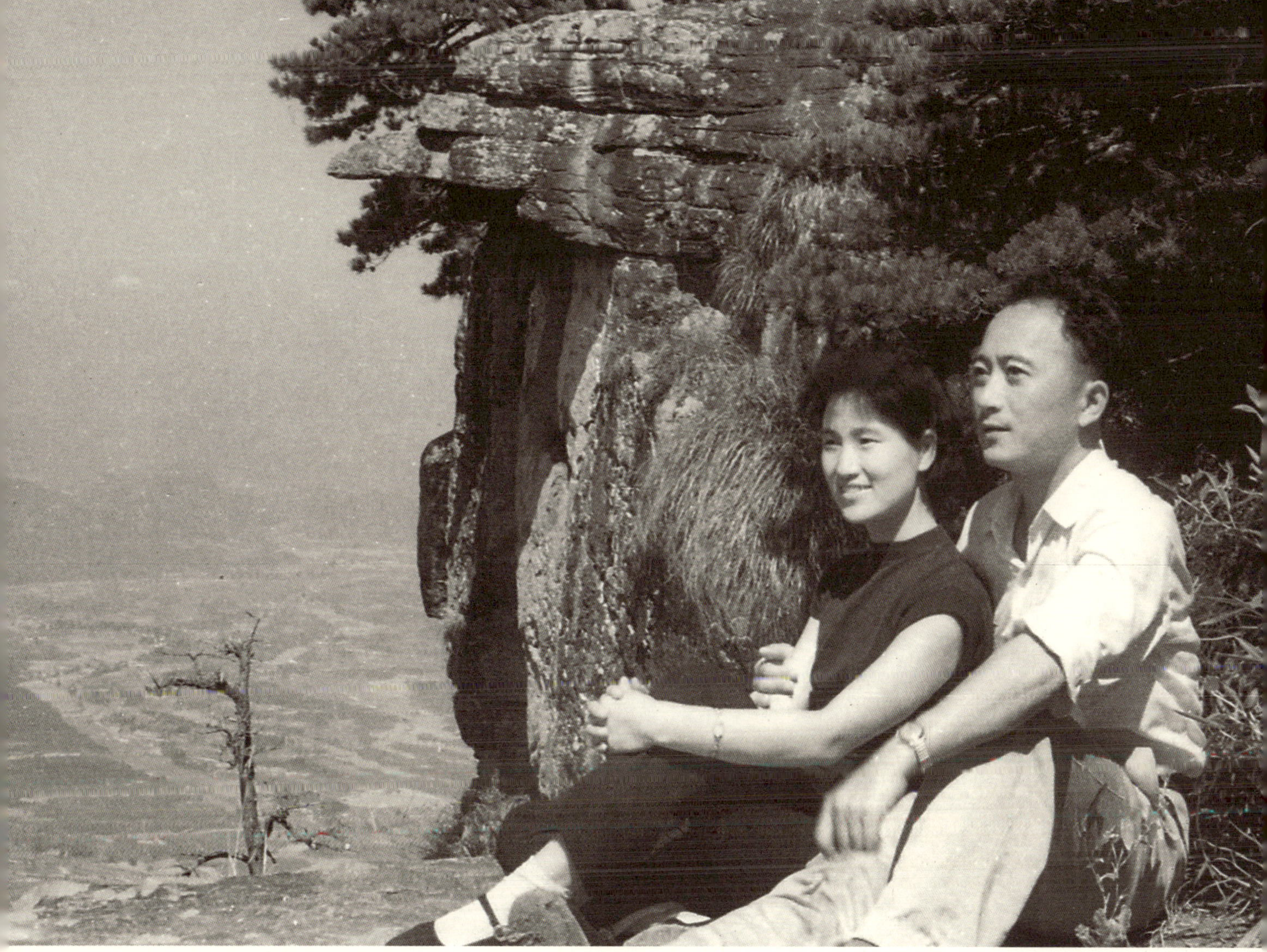

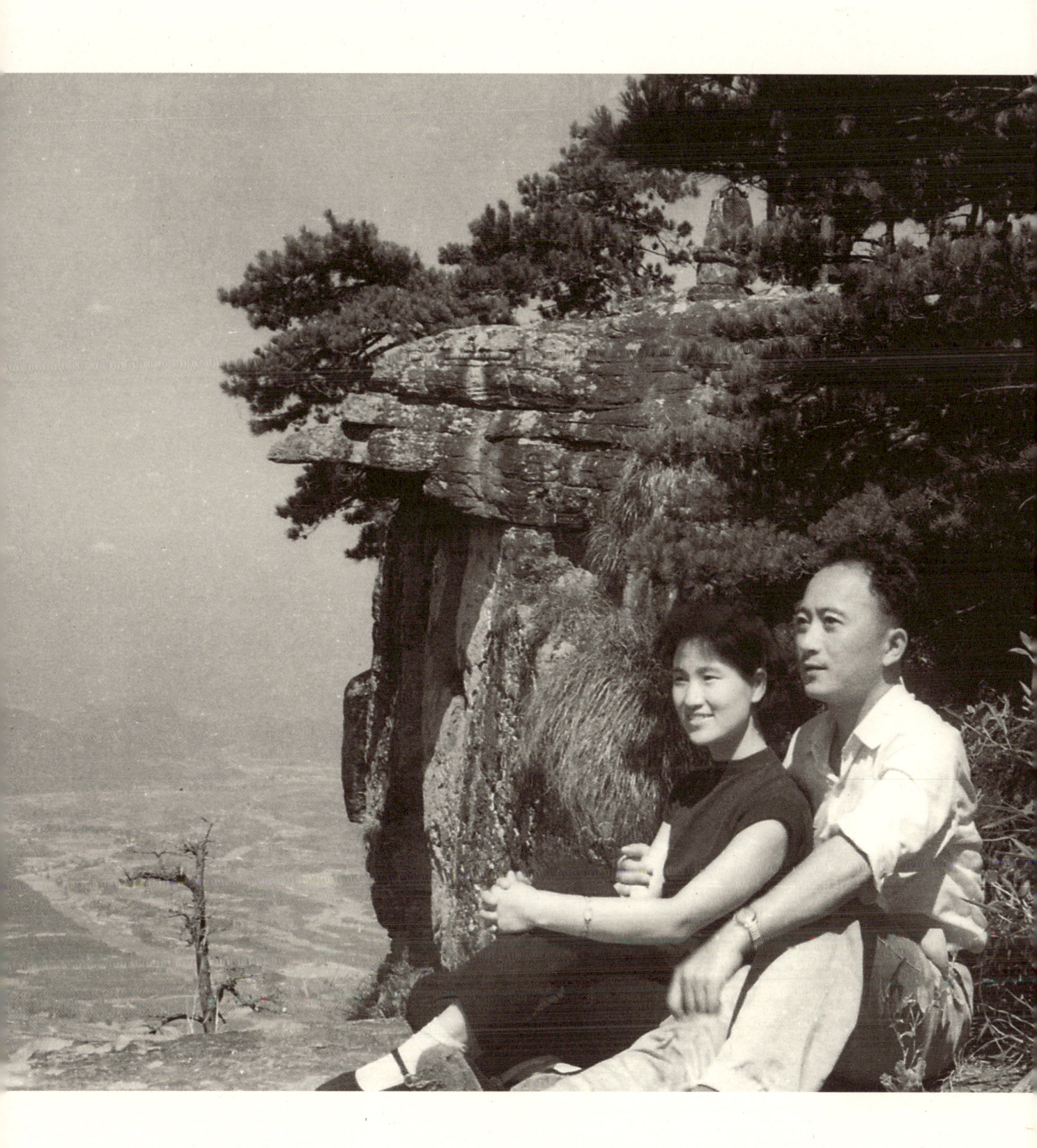

20 世纪 60 年代的爸爸妈妈

有关爸爸妈妈的婚姻有两张证明，一张是1962年的结婚证（左图），一张是1992年的夫妻关系证明书（右图），时隔30年。而且，两张证明都是妈妈的名字在前，爸爸的名字在后。

这还有个小故事呢：爸爸把妈妈这张结婚证当作是自己那张，珍藏了，于是妈妈怎么也找不到自己的，就问爸爸。爸爸说，他那张在，让妈妈去补一张自己的。于是就有了1992年的这张妈妈名字在前的夫妻关系证明书了。可能由于工作人员疏忽，两张证明上的结婚日期不一致，现在也无从考证到底是7月2日还是7月3日结的婚了。另外，1992年妈妈补办的这张夫妻关系证明书，她拿到时也不检查一下，居然出生年月日都是错的。妈妈大概以为，错版的更珍贵呢。

69

左图：爸爸和外婆在枕流公寓的花园里
右图：妈妈的同事姐妹们纷纷到家中贺喜

结婚后，爸爸妈妈就住在枕流公寓。婚后，他们开始各忙各的工作，生活回复到以往的忙碌，只是彼此的心境不同了，多了份牵挂和思念。爸爸在给妈妈的信中写道："在那个动荡的年月里，年轻的我从不敢奢望爱情和婚姻，现在的自己就像是一匹脱缰的野马回归了家园，温暖而幸福……"

□■ 妈妈、爸爸在家中学习

第三章 我们家的那些事儿

关心我爸爸妈妈的朋友们几乎都知道我名字"庆原"的由来，因为太具有时代特色了。我高中同学里有两位与我生日相近，一个叫"贺原"，一个叫"李原子"。按照辈分，我应该是"经"字辈，我堂哥堂姐名字的第一个字是"经"，第二个字是带"金"字旁的。然而因为我这特殊的出生时间，爸爸妈妈就给我起了"庆原"这名字。

1964年10月16日，中国第一颗原子弹试验成功。妈妈那时正躺在华东医院待产，看到报纸，民族自豪感油然而生，一阵激动，然后我就抓住了这良辰吉日，在10月18日闪亮登场了。

可惜当时爸爸外出演出了，没有看到我的出生。因为爸爸的缺席，以致我不知道我到底是几点出生的，甚至不知道是早晨还是晚上出生的。妈妈给出的理由是："我疼也疼死了，还管是白天还是黑夜！"后来为了搞清楚这事，妈妈还偷偷跑去华东医院找我的出生记录，结果华东医院只保留了1970年以后的出生记录，于是我就变成了一个生辰八字不全的人。

爸爸在我双满月时终于赶回来了，于是有了我和爸爸妈妈的第一张合影（左图）和我的第一张婴儿照（右图）。我出生后住在枕流公寓，但只在那儿住了短短三个月。1965年1月，爸爸妈妈就带着我搬进了武康大楼。

1965年，武康大楼家中，祖母（左上图）、外婆（右上图）、爸爸（右下图）、妈妈（左下图）分别抱着我合影以及我的单人照（右中图）。

七十年代武康大楼店铺

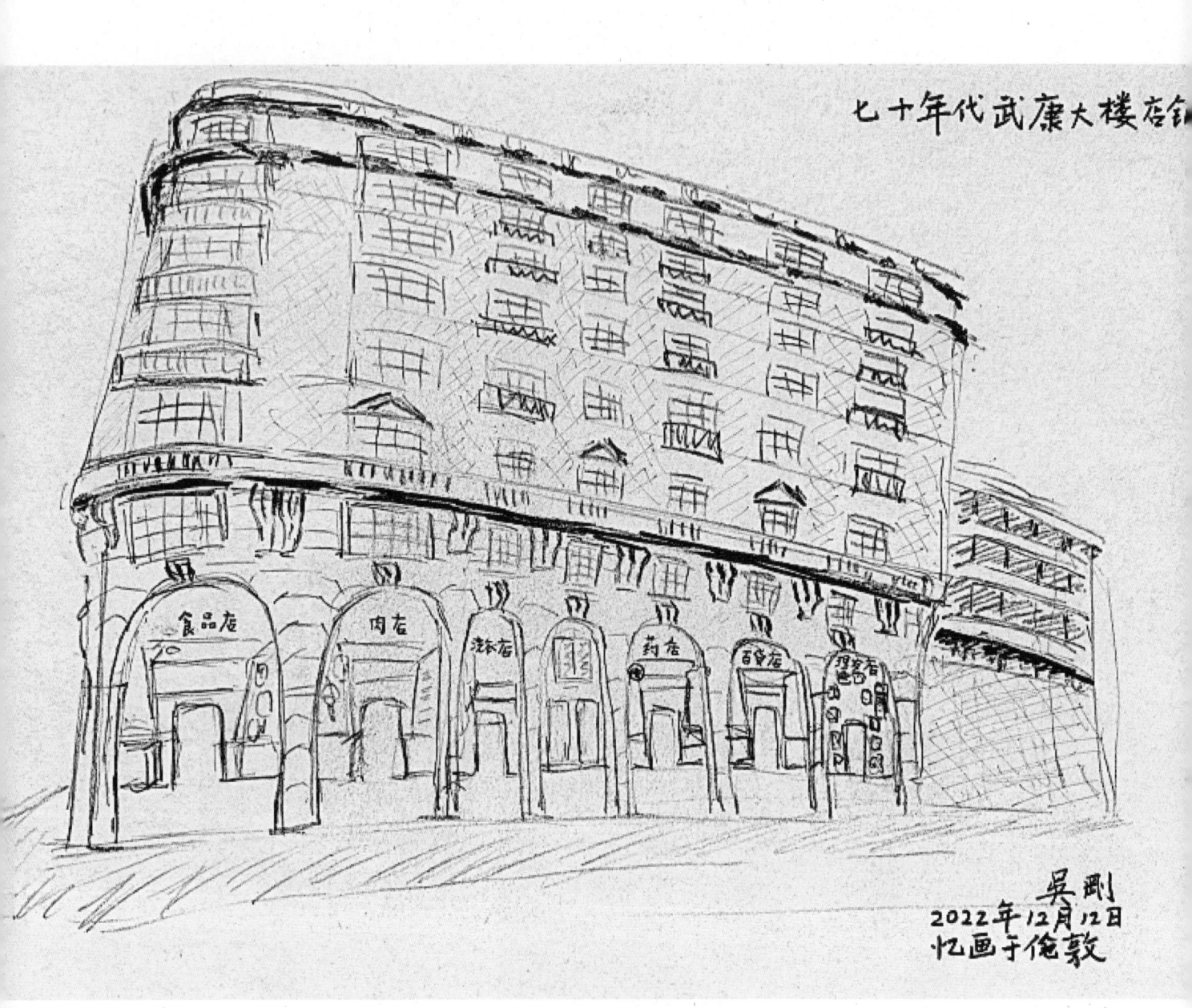

吴刚
2022年12月12日
忆画于伦敦

□ 由我儿时的小伙伴吴刚作的铅笔画

　　武康大楼给我留下了太多太多的记忆。从我三个月大时和爸爸妈妈一起搬进去开始，我一直生活在那里，直到我去国外生活学习。

　　20世纪70年代，住在附近的人都知道"九层楼"就是武康大楼。武康大楼按英式算法，其实只有七层楼，之所以叫它"九层楼"，大概因为它是附近最高的楼，九又是数字里最大的那个吧！

　　在武康大楼底层骑楼里，短短几十米的连廊居然开了6家店。吃、穿、用啥都有。东面是紫罗兰理发店。我几个月大时，妈妈就抱我去那儿理发了，因为宝贝我，每次去都自带香皂。直到我长大，理发店的苏北师傅见到我，都会讲我妈妈自带香皂的故事。理发店隔壁是一家门面很窄的百货店，从文具、毛巾、香皂、针线到棉毛衫裤应有尽有。记得"文革"后期，我还为了买一块斯里兰卡进口的香皂在那儿排过队呢！再朝西，在百货店的旁边是一家药房，爸爸妈妈为了三天两头生病的我，没有少在那里买药。挨着武康大楼大门以西的是家洗染店，记得洗染店的橱窗里放着五颜六色的色卡，我和小伙伴经常会在那里驻足好久，找各自喜欢的颜色。再过去就是一家肉店了，清晨开门前，门口会放着小凳子、砖块等算是在排队了。店里站着红光满面的卖肉胖师傅，摆着令人垂涎欲滴、薄如蝉翼般火腿片的腊味柜，一切都历历在目。西头最后一家是我最喜爱的食品店，进店左面是蜜饯柜，一个个玻璃罐里放着各种蜜饯。每天放学后我们都要去那里买点桃片、咸支卜、盐津枣之类的，然后不坐电梯，一路走楼梯回家，为的就是能多吃几颗。因为我从小有气管炎，妈妈是绝对不给我吃零食的。有一次，正当我和小伙伴在蜜饯柜指指点点，聚精会神地商量着买什么时，突然背后一声"妹妹，你们在干什么？"，我转头一看，妈妈已不知什么时候站在了身后，吓得我一身汗。

　　现如今武康大楼已是网红打卡建筑，每天楼下、马路对面都是乌泱乌泱的人群。

■□1965年，我们一家人在武康大楼家中的阳台上。

妈妈说我小时候很乖很好带，见谁都笑。"文革"开始，她和爸爸被隔离审查，家里只有外婆带我，因为见不到他们，我常常哭着要爸爸妈妈，渐渐变得不会笑了。

这两张照片大约摄于20世纪60年代末。妈妈的单人照看起来非常严肃，心事重重的。只有当和我合照时，她才露出一丝微笑，嘴巴微张着，似乎在说：妹妹笑笑呀！妈妈好几次都跟我说，她最喜欢这张母女合照了。可当时我没有多问一句为什么，也许是我懵懂，也许在那个时候我是妈妈唯一的安慰。

　　妈妈晚年还时时心有余悸地提起有一次差点把我弄丢的事。那是1970年左右，我随妈妈到奉贤生活。那天，妈妈带我去县里看病，返回时，她实在抱不动我，叫了辆自行车驮我回去，自己跟在后面走。结果自行车越骑越快，妈妈渐渐跟不上了，眼看着我消失在道路尽头，她急得在后面拼命地追，心想女儿会不会被人拐走了。到了目的地，看见骑车人带着我站在那里等她，妈妈才稍稍从惊吓中缓过来。

　　每当说起这事，她总会拉着我的手，拍着说："还好我和你爸爸留下你这么个根。"

左上图：余庆路41号大门
左下图：小车停的地方就是婆婆家
右图：前排左起依次是婆婆、公公、我；后排左起依次是婆婆家山东来的亲戚、姐姐。

1970年左右，我随妈妈从奉贤回来后，因为没人带，爸爸妈妈将我白天寄养在余庆路41号的一位山东婆婆家。

婆婆一家三口，公公我记得是在市委的小车队开车，姐姐要工作，白天就婆婆一人在家。早晨上班前，有时是爸爸，有时是妈妈将我送去婆婆家，然后我就在那里待一整天，和院子里的小朋友一起，玩那些年大家都玩的跳皮筋、捉迷藏、搭积木什么的，无忧无虑。

婆婆是山东人，会做山东煎饼。每过几天，她都会带我在院子里捡树枝，然后生火，摊煎饼。刚摊好的煎饼带点酸，那真叫香啊，直到现在我还是对那种纸片一样的山东煎饼情有独钟。婆婆一家善良淳朴，对我非常宠爱，有好吃的先夹给我，然后才轮到姐姐。每天我都是吃完晚饭、洗漱之后才由姐姐送回武康大楼。

上图：爸爸曾经用过的照相机
上左两图与上右图：爸爸给我和妈妈在外滩拍摄的相片
上中图：爸爸有空就喜欢摆弄他的相机
下三图："妈妈哪里去了？"——爸爸的抓拍

  爸爸爱好广泛，平时除了看书、写字、唱歌外，还喜欢拍照，给我和妈妈拍的照片，都是爸爸自己放印的。"文革"后期，爸爸从"干校"回到上海，闲时总喜欢带我和妈妈去拍照，外滩啦，漕溪公园啦，长风公园啦，实在没地方，那还有家里阳台上的美景……拍完，他会把照片先洗成一小张一小张的，然后再从中挑选出拍得好的，自己到暗房放大。

  爸爸有一整套洗照片的工具，他常常在武康大楼寓所朝北的小间里，拉上厚厚的窗帘，摆开洗照片的设备，旁边还有两个长方形的盆，以及切纸刀等。夏天朝北房间很热，爸爸就穿个白背心，非常专注地在那里捣鼓一晚上。有时我会跟着爸爸钻进那个小暗房，看着照片上的图像在显影剂中慢慢显露出来，心里觉得好神奇。

79

上图：父亲随身携带的小字典，这本被许多熟识爸爸的朋友提及的"孙道临字典"，现在就收藏在浙江省嘉善博物馆内。
左下图：1972年的我
右下图：我和爸爸在武康大楼前

我刚上小学时，爸爸经常让我站在他面前背课文，纠正我的普通话发音。因为出生在上海，受环境影响，我分不清前后鼻音，直到现在，电脑打字遇到类似"精益求精"这类词，都要将有"g"无"g"各种组合折腾一番。每天站在武康大楼的阳台上，对着穿背心的爸爸背课文，实在是我童年一段"痛苦"的经历。但是有一天，我居然"挑战"爸爸的普通话了，那次爸爸纠正我说"破坏"的"破"应该念"pò"，可是我坚持念"pè"，因为学校老师就是这么教的呀。我当时暗自窃喜：爸爸你也有错的时候！结果爸爸发现，我的语文老师是山东人，山东人的"破"是念"pè"的，我学的是带口音的普通话。

左图：收藏在上海电影博物馆里的"老坦克"
右图：至今我还保留着爸爸为我拍的并亲手放印的我和"老坦克"的合影，这已成为我人生中最为珍贵的照片之一。

"老坦克"是爸爸的一辆自行车，它陪伴了爸爸几十年，许多写爸爸的文章都提到过它。爸爸自己也曾在1979年写了篇散文《老坦克》。爸爸教我骑自行车的一幕仿佛就发生在昨天。

"老坦克"年龄与我一般大。记得我8岁的时候，爸爸就开始教我学骑自行车。对于当时身高只有1.4米的我来说，28英寸（71.12厘米，指车轮的直径）的"老坦克"显得又高又大，每次我几乎都是扭身爬上去的。爸爸扶着我，陪着我在家附近宁静的余庆路上一次又一次地练习。20世纪70年代的马路上几乎没有汽车，连自行车也很少，所以我们能在路中间大摇大摆地骑。这在今天简直是不可想象的。

就这样，爸爸从教我推车开始，又教我骑直线、转弯、刹车、上车、下车，一步一步，一遍一遍，循序渐进，由简单到复杂。终于，我可以脱离爸爸，独自上路了。我将自行车骑得飞快，还时不时笑着回头看看爸爸，只见他一路飞快地跑着，嘴里还不停地叫着："慢点！当心！"现在想来，那时的爸爸也已五十出头了，我真是不该让他那么累。

爸爸不仅教会我怎样骑车，现在想来，更使我领悟了如何在人生道路上脚踏实地认认真真做事。

2005年后，爸爸受带状疱疹的折磨，身体日渐虚弱。关心他的朋友时常问起："老爷子，您的'老坦克'呢？"爸爸答道："我老了，骑不动了。拍《詹天佑》的时候，一个在剧组打零工的外地青年没有车骑，就送他了。"爸爸的这位朋友真是位有心人，他多次打听，辗转多处，终于寻得"老坦克"的行踪，用一辆新车将它换回。当我再次见到它时，爸爸已不在人世，"老坦克"也已锈迹斑斑，但依然很稳当地站立在那儿。对于我们来说，它已不是一辆普通的自行车，它承载着多少浓浓的情感和希望。

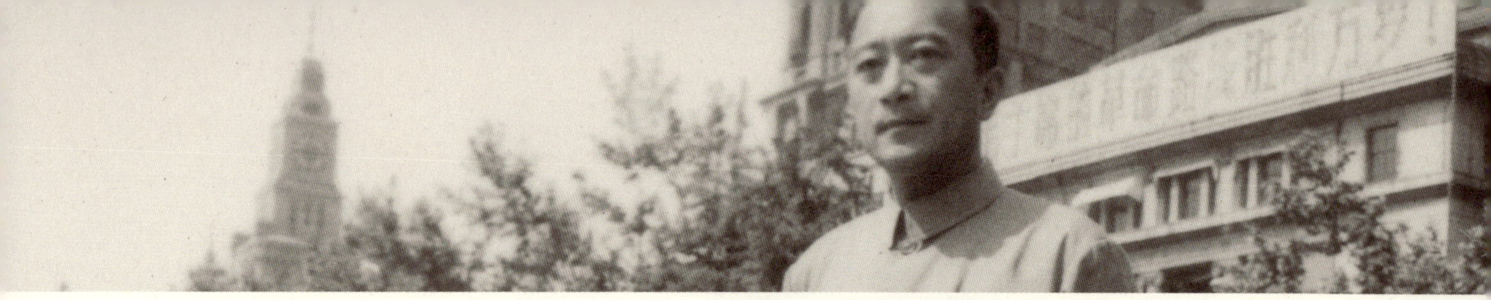
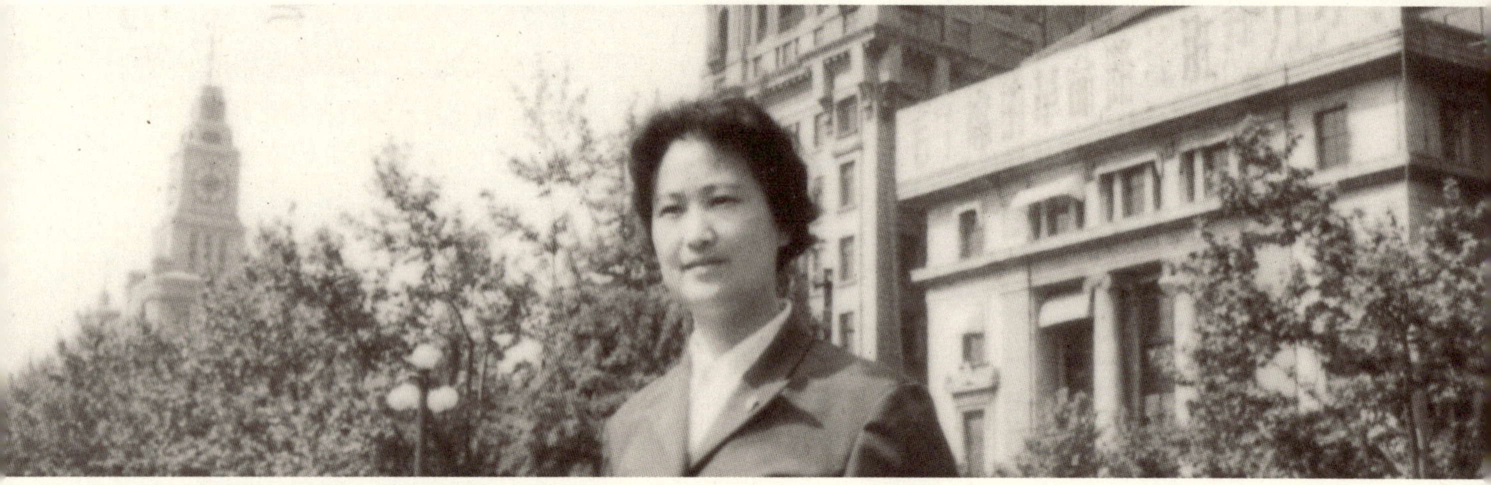
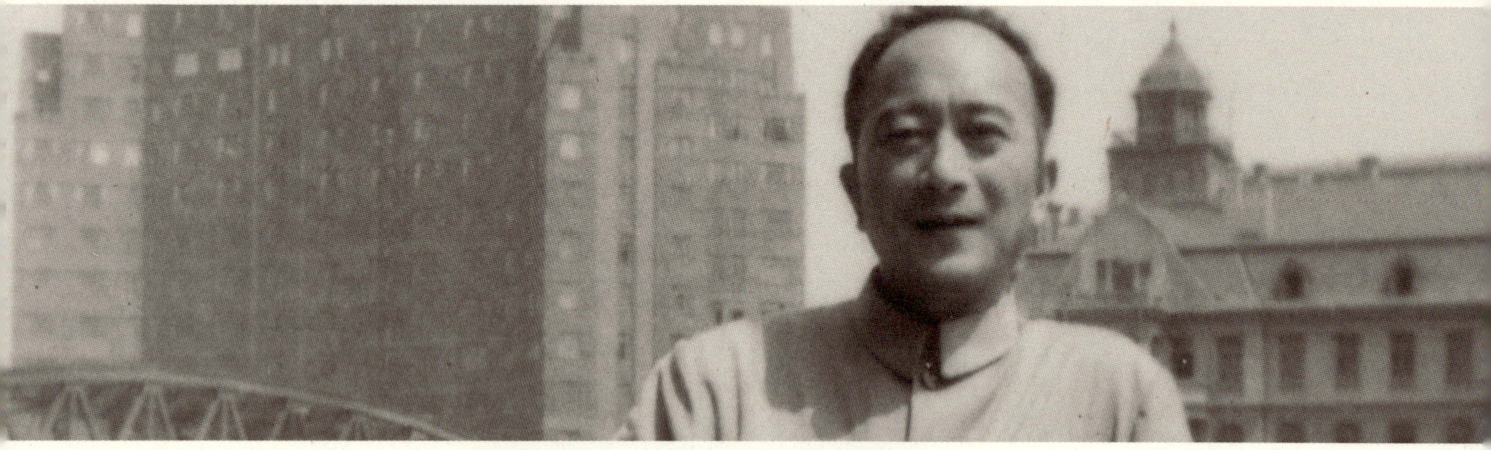
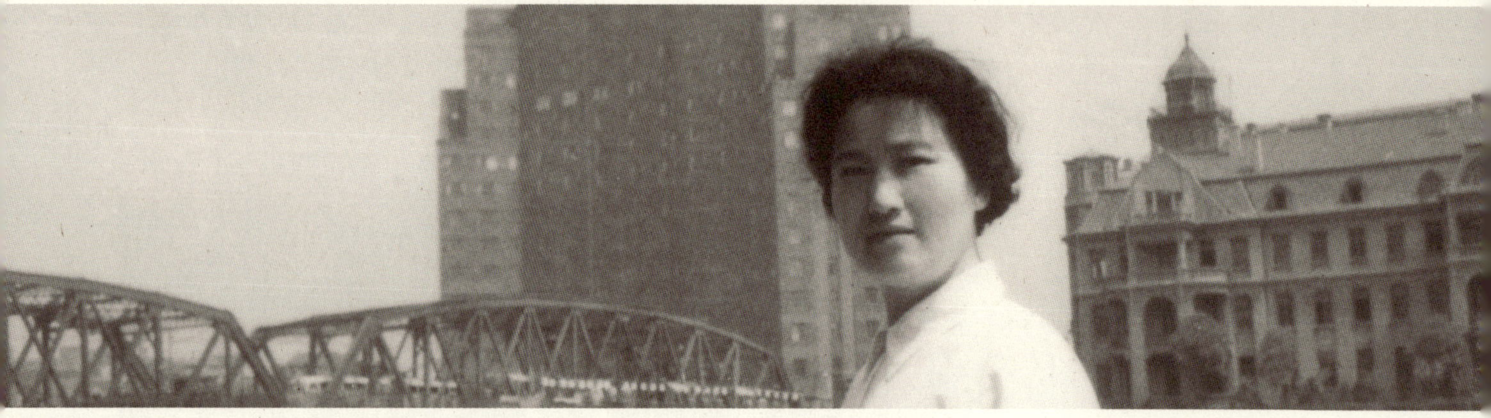
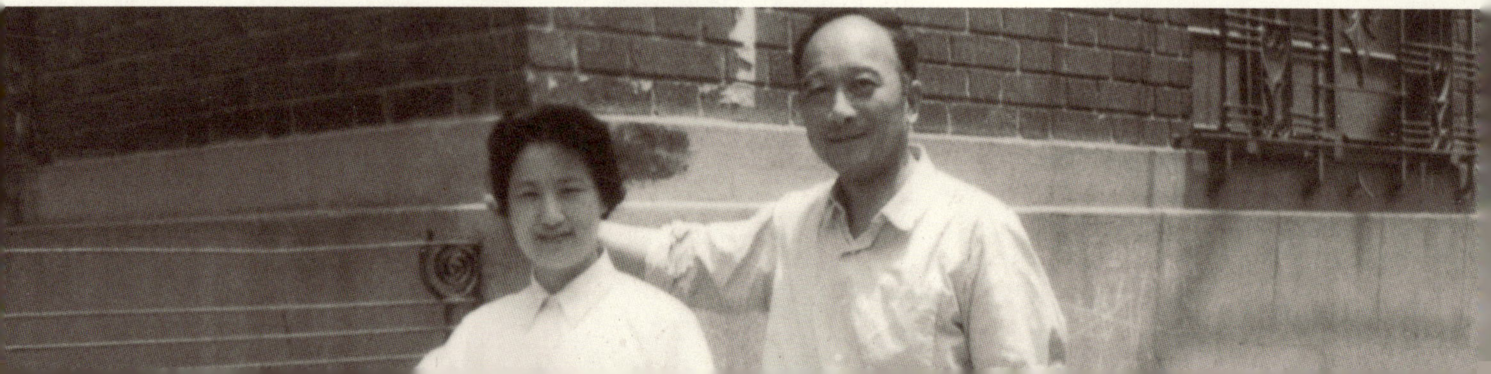

■□ 20世纪70年代的爸爸妈妈　　　　　　　　　　　　　　　　　　□■ 1978年，我们一家。

左图：《红楼梦》越剧电影海报
右图：《永不消逝的电波》电影海报

多少次我被问及，你是什么时候知道爸爸妈妈是演员的，你是不是感到很骄傲，很特别？怎么说呢，我只觉得演员其实就是一份职业，和其他工作没有什么区别。

小时候，爸爸妈妈从未提及过他们是演员，而且那时除了样板戏和纪录片，大家也没什么电影和戏可看，所以当幼儿园阿姨告诉我，我爸爸是电影演员时，我还以为他是电影院的放映员呢！

1978年，有一天妈妈和外婆神神秘秘地在傍晚时分出去，等到我快睡觉了，才满面笑容地回来。原来那天是越剧电影《红楼梦》经过十年浩劫后，终于重映了。从此，雪片似的信件从全国各地飞来，当时我们住在武康大楼，房子进门的过道处大概有3平方米，那里被改造成一个储藏间，专门用来存放一摞一摞的观众来信。据说，20世纪70年代末全国人口约9.6亿，观看越剧电影《红楼梦》的人次已达12亿人次。

1979年，爸爸带我去看"文革"后重新上映的《永不消逝的电波》。当15岁的我看到爸爸扮演的李侠坐老虎凳受刑那场戏时，不停地抹着眼泪。爸爸安慰我说："庆原，这是假的，爸爸没有真的在受刑，爸爸这是在拍电影。"不得不说，爸爸真的是了解我。作为演员的孩子，在我眼中，银幕上、舞台上的人物不是演员，那就是我父母呀，孩子是看不得父母吃苦的呀！记得我20世纪80年代看妈妈演的《慧梅》，整场戏我都在担心，担心妈妈唱不上去，担心妈妈舞剑动作出错，总之是种种担心。还是眼不见心不烦，不去看倒更安心。

84

左上图：我探班《李四光》
左下图：妈妈探班《一盘没有下完的棋》
右图：爸爸探班《孟丽君》

1979年，爸爸终于又能拍电影了，北影的大导演凌子风邀请爸爸出演《李四光》中的李四光。这年暑假，爸爸在青岛出外景，我高高兴兴地跟着爸爸去青岛了。现在想想，这个如今时髦的叫法——"探班"，我20世纪70年代就经历过了。

我们那时住在海边的招待所里，出门往右走就是栈桥，往左边一直走就是八大关，我对八大关那一片德国人建的红墙建筑印象颇深。但记忆最深的是，我跟着摄制组坐了回海军护卫舰，在大海里乘风破浪，和爸爸留下了这一张难忘的合照。以后爸爸工作渐渐忙起来了，加之我又出国留学了一段时间，我们父女一起出游的机会就更少了。

劫后余生的爸爸妈妈又开始了聚少离多的日子，偶尔有时间，他们也会互相探班。

1981年，爸爸在无锡鼋头渚拍摄《一盘没有下完的棋》，妈妈去剧组看望爸爸。

1985年冬，妈妈在无锡演出《孟丽君》，爸爸在北京出差，他特意途经无锡，去剧场看妈妈的《孟丽君》。演出结束后，热情的观众见到我爸爸妈妈的车，硬是不让走，妈妈说还有人躺在车前，好危险，最后主办方不得不动用了警力。右图是那年爸妈和招待所工作人员的合影。

右下图：我和父母的朋友众多合影中的一张

爸爸很注意我饮食的均衡性。每天吃饭，他都将各种菜，夹在一个小盘子里，放在我的面前。我只有将这些菜都吃完了，才能吃其他的菜，这就养成了我不挑食的好习惯。爸妈尽可能保证我每天一个苹果或梨，说是含维生素。那时水果的种类远不及现在那么丰富多样、应有尽有，也就是苹果、橘子和生梨，夏天有些西瓜、黄金瓜，还要排队购买。附近的水果店也只在淮海路和余庆路转弯角上有一家。爸爸妈妈最喜欢买的是一种国光苹果，这种苹果小小的，没有黄蕉苹果看起来神气，但青里透红，吃起来又鲜又脆。只要爸爸在家，每天晚上都给我和妈妈削，爸爸削苹果的技术了得，皮都能连成长长的一条，不带断的。

爸爸妈妈从干校回来后，是我们一家三口相聚时间最长的一段日子。到了20世纪80年代后，他们各自恢复了工作，爸爸忙着拍电影，妈妈忙着演戏，那时的我最怕过节了，因为每逢节假日，是他们最忙碌的时候，家里就只剩外婆和我。那时，我会趴在阳台的栏杆上，羡慕地看着其他小朋友欢乐地和爸爸妈妈一起从淮海路走过，这也可能是我从小就对演员这个职业不感兴趣的原因。

在我的记忆里，家就像个旅馆、饭店，客厅里常常高朋满座，我即便是躲在朝北的小屋子里埋头做作业，欢声笑语还是能从门缝里钻进来。

爸爸妈妈很好客，平时有亲戚朋友来，到了饭点都会让阿姨加几个菜，留大家一起吃，当然也少不了请朋友来家里小聚。爸爸妈妈都不太会做菜，把精力都放在了工作上，但他们都很聪明，偶尔小试牛刀都有惊人表现。

爸爸会的比较多，烙饼、饺子，还有拿手的核桃酪。烙饼是先把面团擀成很大一张，然后撒上葱花和肉末，再卷起来，团起来，压扁，最后在平底锅里放油煎。核桃酪是一道吃功夫的甜点，在没有粉碎机的年代，核桃要一个个敲开，剥出肉来，再碾碎；红枣先去皮去核，压成泥，然后再和核桃放在一起烧。很多来家里的客人都以为这道甜点是我妈妈的专利。但我记忆里这是爸爸做的，为此我还得到了考证：一位我家几十年的老朋友说，爸爸曾告诉她，他早年在燕京大学就经常吃了。

妈妈的厨艺，拿得出手的有虾米跑蛋和青菜烧粉丝。每次做好，她都要哇啦哇啦叫大家来吃，说冷了就不好吃了。大家吃的时候，她还不停地问，好吃伐，好吃伐，弄得我都快噎住了。

土豆色拉和蛋饺是我的专利。做土豆色拉最关键的是色拉酱的制作，那时没有现成可以买的色拉酱，全靠手工制作。先是将生鸡蛋打一个小孔，让蛋清慢慢流出，然后将色拉油滴进蛋黄中搅拌，直至成黏稠的糊状，最后取一勺白醋倒入搅稀，拌入准备好的色拉里。色拉里有蒸好切丁的蛋白、猪肉丁、土豆、苹果、小豌豆、红肠。直到现在，我还是很喜欢吃这道菜，那是儿时的味道。

很小的时候爸爸就教我做蛋饺了。那个年代物资匮乏，每年过年前，街道就会给每家发年货，鱼、猪肉、瓜子、花生什么的，还有一袋冰蛋。我们家就拿冰蛋做蛋饺。做蛋饺需要先把冰蛋化开，肉斩成末，然后拿一个铁汤勺放在煤气上烧热，用一块肥肉在里面擦一下，将少许蛋液倒入，放入肉末，再合上蛋皮，即成一个蛋饺了。每年的蛋饺都是我做的，直到1987年我出国留学。爸爸妈妈非常享受吃我做的蛋饺，每年过年时总是心心念念："我们家以前的蛋饺，都是庆原做的哟。"

□ 爸爸在练剑

在祖父影响下，爸爸从小就喜欢武术，年幼时学过"六合拳"和"太极拳"。1983年，妈妈排演《慧梅》时，请技导设计了一套剑舞，爸爸和妈妈就一起练剑。

妈妈排演《慧梅》

这组戏装照大概是我大学三四年级时拍的。那段时间妈妈经常应朋友要求，帮她们拍戏装照，我就眼巴巴地等着她也给我来一组。结果妈妈总是先人后己，老也轮不到我。在爸爸的要求下，妈妈总算拨冗，与跟随她几十年的佩华一起给我装扮了一番。

当我化完妆，头上勒上绑带，戴上头套，顿时觉得戏曲演员不好当了，绑带把头皮扎得紧紧的，一会儿我就想吐了，根本别提做表情了。

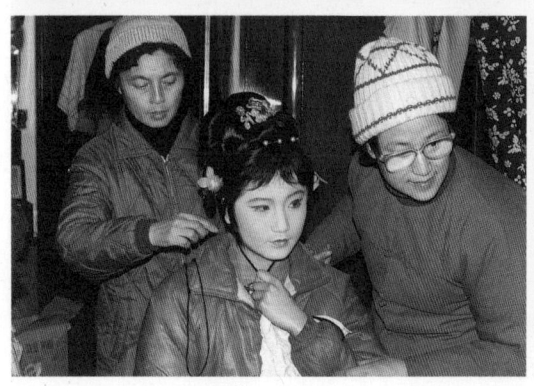

□■ 电视台来我家录制节目

爸爸、妈妈在武康大楼家中

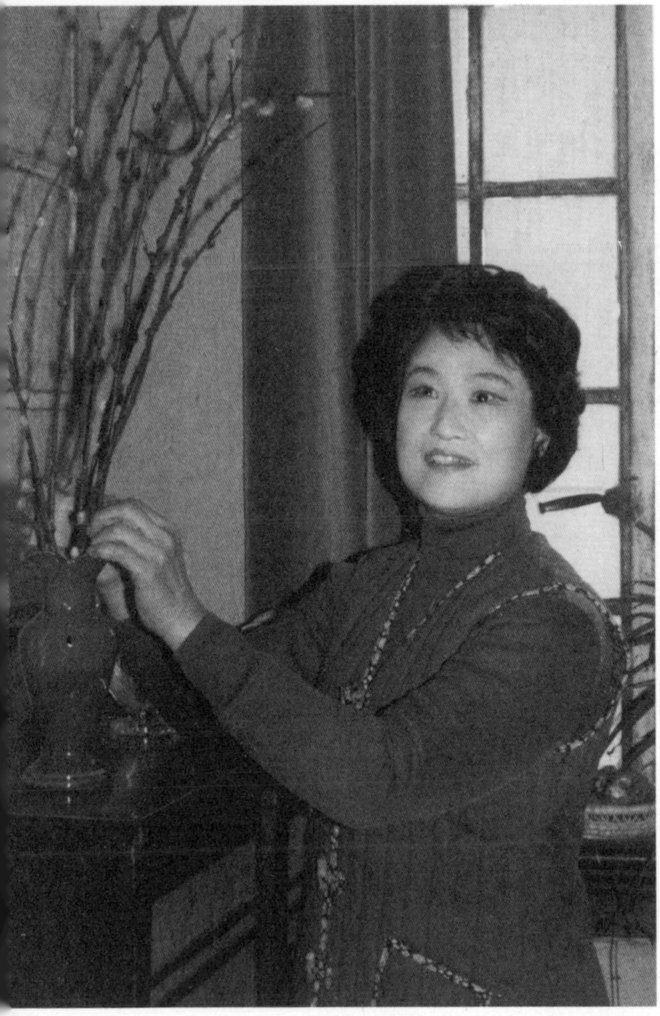

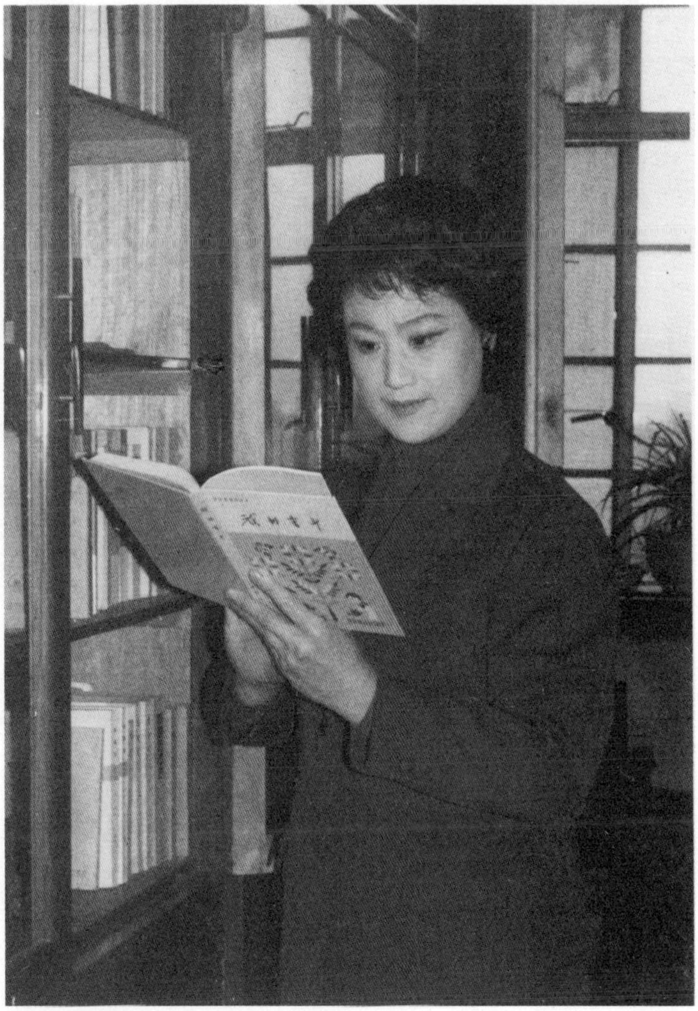

武康大楼家中的阳台是拍照最佳的取景点

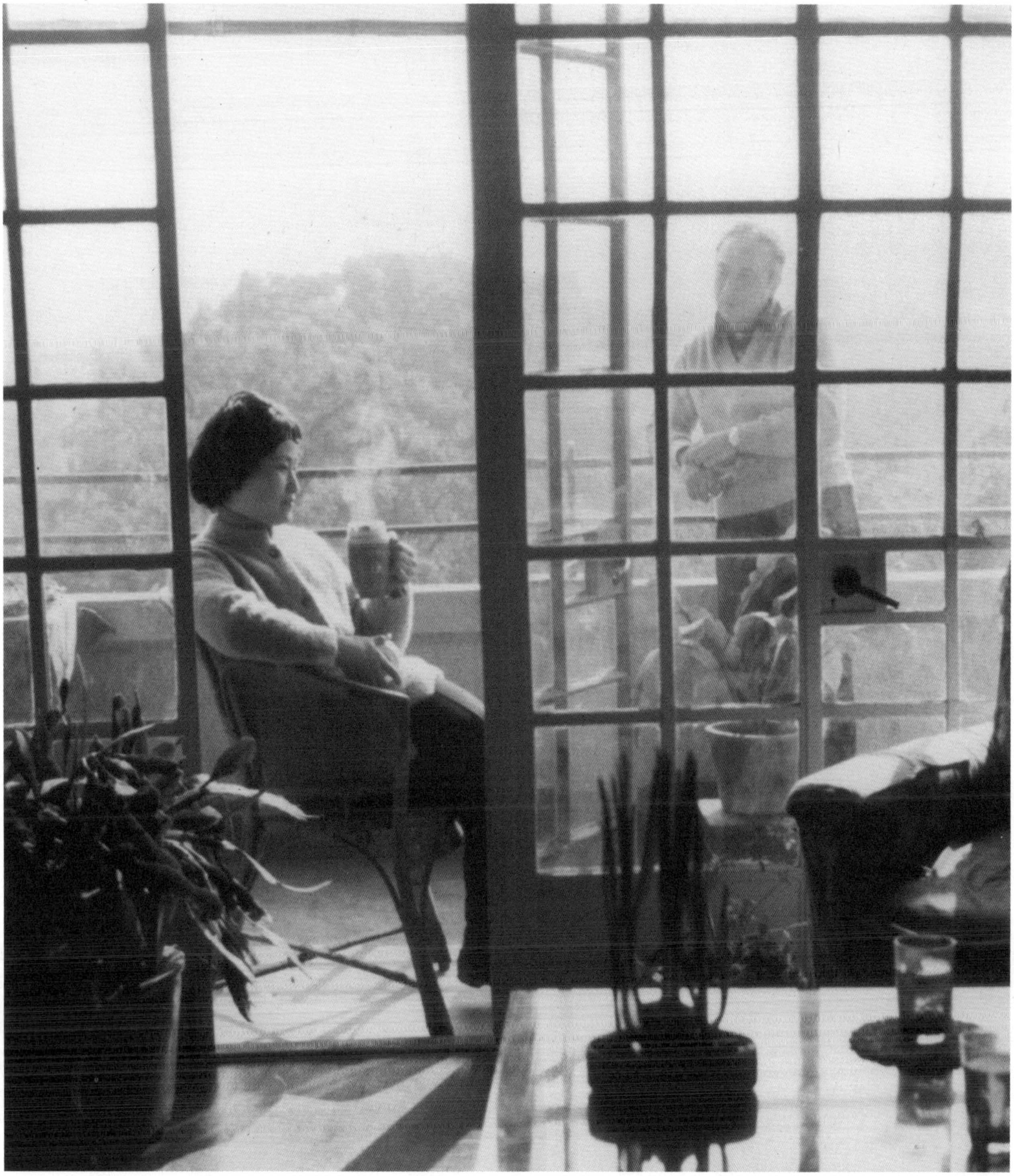

爸爸、妈妈在武康大楼的家中

爸爸妈妈非常喜欢夫妻间交流。妈妈晚上有演出,爸爸会准备好水果等她回来,有时我一觉睡醒,还能听见爸爸妈妈在吃着宵夜说着话。如果赶上两人都在家一起吃晚饭,他们会边吃边聊,吃很长时间。

这一组照片虽然是配合采访时拍下来的,却正是爸爸妈妈在家中的日常写照。爸爸一伏案就是几个小时,对爸爸的作品,妈妈很欣赏,但提起意见来也毫无保留,经常会对爸爸"指指点点"。

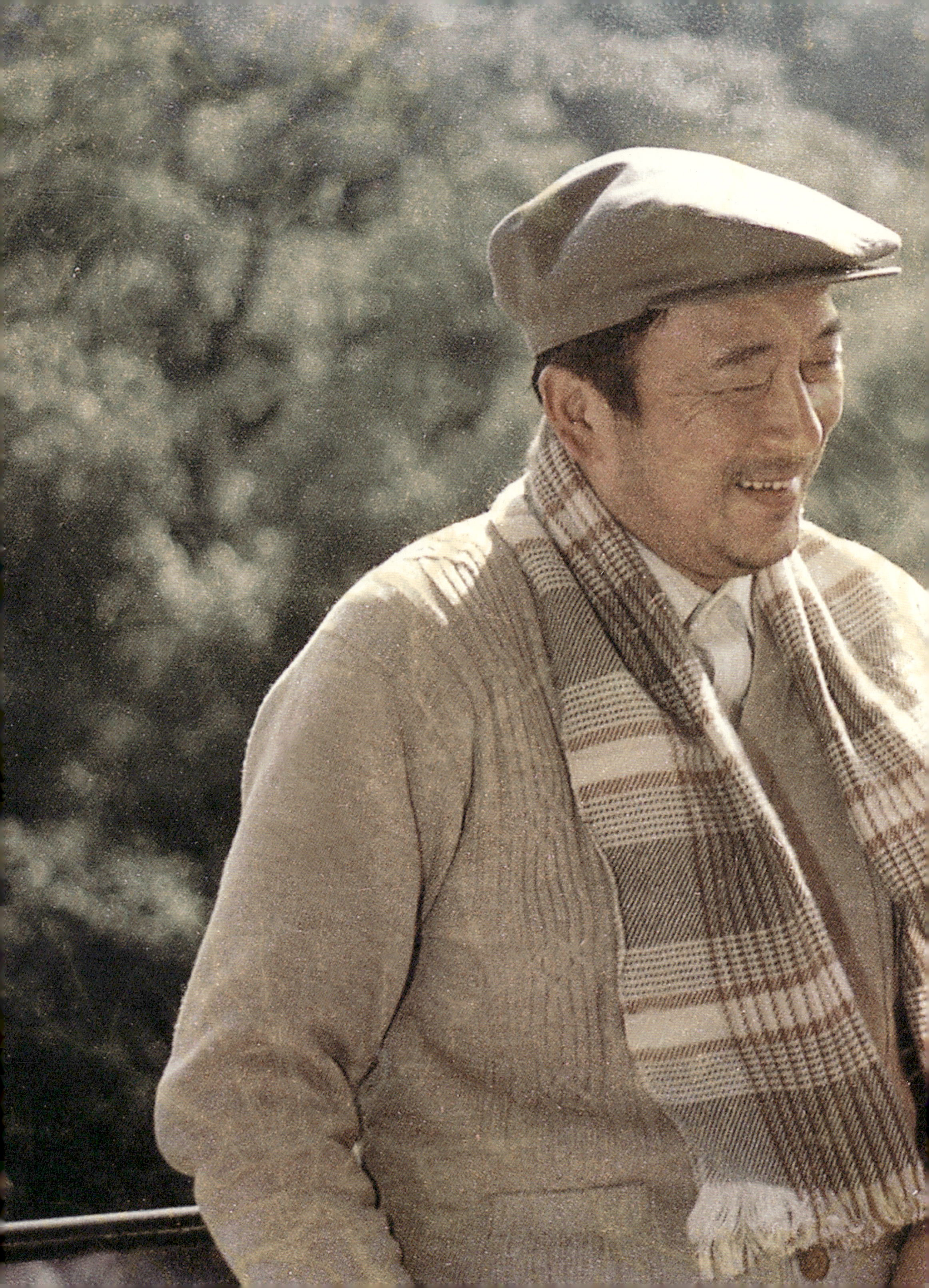

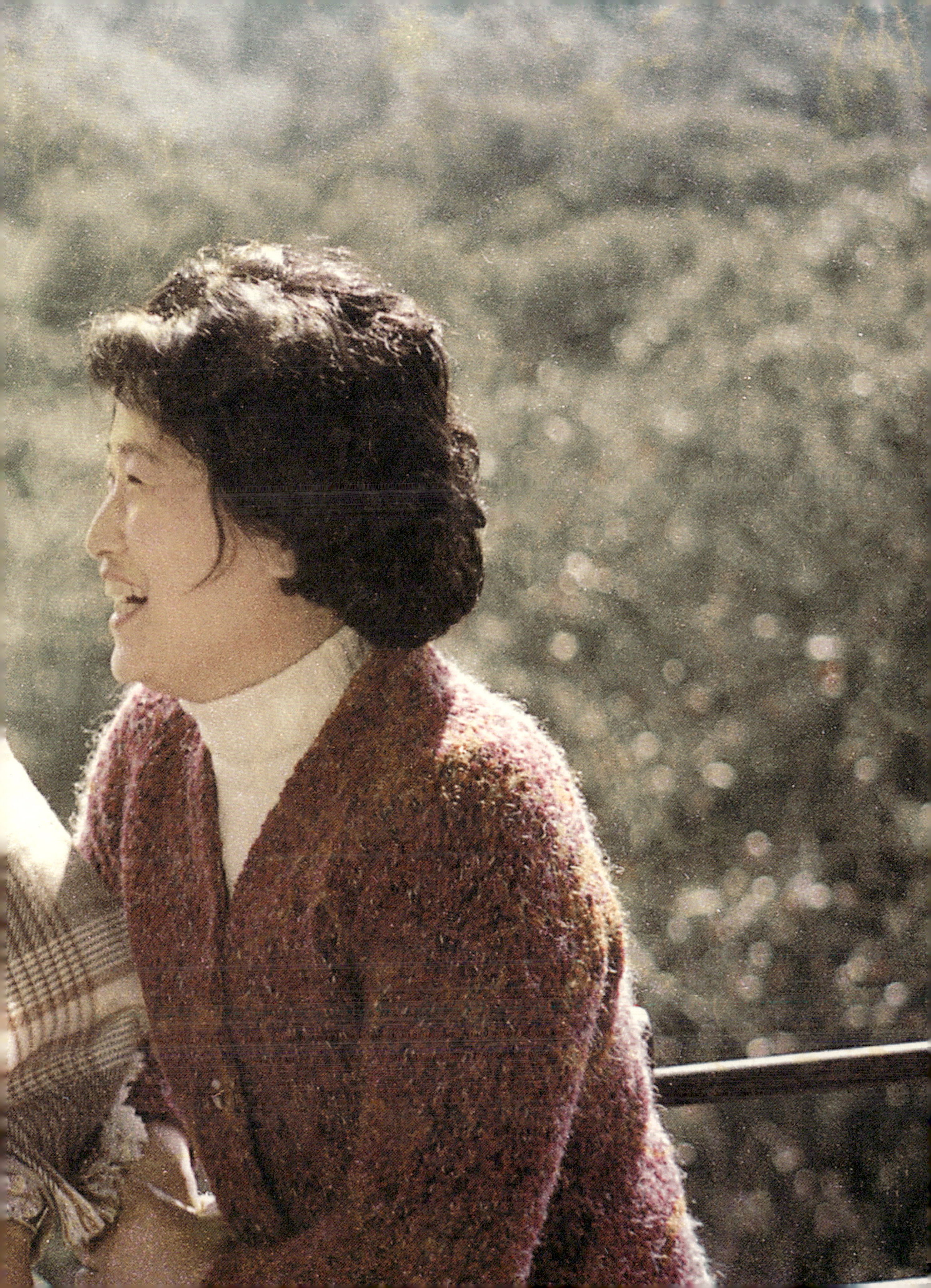

■□ 左上图：我们结婚时和爸爸妈妈的合影
左下图：爸爸妈妈和外孙外孙女的合影
右图：我和爸爸摄于北京机场
□■ 我30岁时，我们和妈妈在德国照相馆留影

  1986年，我结婚了。为了不影响爸爸妈妈的日常起居，我和解鸣把新房安置在武康大楼朝北的小间里（左上图）。爸爸妈妈其实挺开明的，对那些传统的条条框框并不那么在乎。但那天，妈妈还是叫来七大姑八大姨给我搞出八床缎面被子和羊毛毯；拍合照时，还和爸爸一人抱一个娃娃。几年后，爸爸妈妈的这一心愿还真实现了，他们有了一男一女两个孙辈（左下图）。

  1987年9月，我赴德国留学，妈妈送我去虹桥机场转机北京飞德国，爸爸就干脆一路陪我到北京。此时的我充满对新生活的向往，多年后，才体会到爸爸妈妈空落落的心情。爸爸每个月都给我寄厚厚一叠《新民晚报》，那真叫"隔夜报"了，但正是这隔夜《新民晚报》让我从未失去与故乡上海的联结。妈妈常常凌晨三四点钟跑到苏州河畔的电话总局排队打国际长途，为的是不影响我白天的工作学习，让我晚上在家时能接到电话。妈妈还惦记着我的饮食起居，时不时地给我寄很多衣物零食和南北货。

101

下图：我穿上妈妈为我订制的衣服，度过了30岁生日。

　　1994年秋，妈妈终于成行，来德国看我们了。本来她是要和爸爸一起来的，但爸爸总有做不完的事，两人没能一起欧洲行，好遗憾。我们当时为不会讲外语的妈妈怎么出机场，很费了一番心思。我先生解鸣在电话里给妈妈详细描述了法兰克福机场的情况，还随信寄来几张写了德语单词的卡片，让妈妈带着。结果这些统统都没用上，冰雪聪明的妈妈一路随同机旅客到了拿行李的地方，一时没见到自己的大箱子，还和机场的德国工作人员比比画画对上话了。

　　她一出机场就得意地告诉我："我就对他们边比画边说，'我的大箱子'。"说"大箱子"时，妈妈突然把嵊州上海话变成了嵊州普通话。我说："妈妈，你以为翻成普通话，外国人就听得懂了？"

　　这年10月18日，是我30岁生日，这次在异国过生日有妈妈陪在身边，觉得好幸福。我们一起去饭店吃饭庆生，还找了家照相馆拍了照。

■ 上左图：妈妈参加了我和同事们的"女同胞保龄球聚会"
上中图和右图：妈妈外表文静，却很"调皮"，随时随地"戏精"上身。
下左图：摄于乌珀塔尔悬挂地铁站旁

在德国期间，妈妈还饶有兴趣地参加了我和我的德国同事们定期举行的"女同胞保龄球聚会"。这是妈妈平生第一次打保龄球。

因为我和解鸣平时大部分时间都要工作，只能周末带妈妈去周边玩玩。她很喜欢一个叫乌珀塔尔（Wuppeltal）的城市，因为这里除了有恩格斯的故居，还有一种轨道在上面的公共交通工具。一切新奇的事物，妈妈都感兴趣。

103

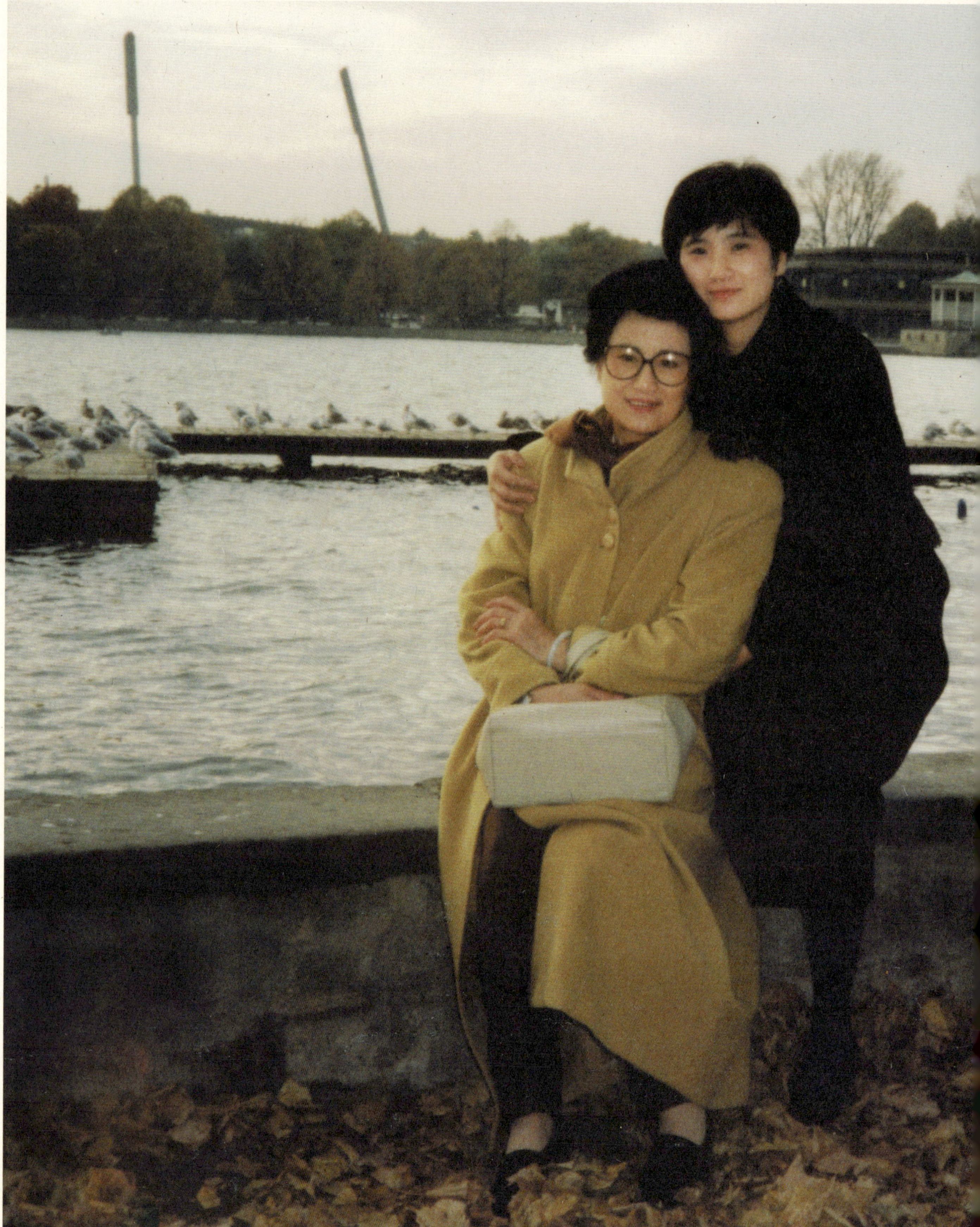

妈妈和我摄于汉诺威

　　我们还带妈妈去了我们在德国居住时间最长的地方——汉诺威。10月的汉诺威已是深秋，银杏落叶铺满了皇家公园的大道。妈妈像现在的网红一样，拗造型，照片拍了一张又一张。我的黄大衣穿在妈妈身上还挺合身，妈妈很喜欢穿我的衣服，就像我现在经常和女儿换着穿彼此的衣服一样。

105

上图：在《詹天佑》拍摄现场
左中图：在美国迪士尼乐园
左下图：在《王文娟艺术集锦》拍摄现场
右下图：爸爸的肖像照

标准照里的爸爸，严肃，不苟言笑。然而生活里的爸爸很幽默，喜欢说笑话，拍照爱搞怪，经常把大家逗得哈哈大笑。

■ 左图和右上图：爸爸妈妈的贺卡墙
右下图：爸爸亲自做的贺卡

　　改革开放后，爸爸妈妈和外界的接触越来越多了。每年圣诞、新年之际，爸爸总会买好多好多贺卡，亲自一张一张写好，再寄出去。他还特别喜欢自己制作贺年卡，右下图就是爸爸亲自做的卡片，还写上了中英文贺语。每年家里收到的贺卡都多得不得了，桌子上放不下，叠起来又觉得不礼貌。聪明的妈妈就想了个办法，用绳子编了个网，把卡片都挂在上面，又喜庆，又节约了空间，成为家里的一道风景线。

107

令箭荷花是爸爸妈妈最喜欢的花。每年盛开时的那几个小时，爸爸妈妈都会抛下手头的工作，兴奋地左拍右拍，留下一堆花为主、人为辅的美照。

左上图："妹妹"照着相片临摹她的外公
右上图：爸爸和刚出生的"妹妹"，摄于中山医院。
下图：祖孙三代在寒山寺合影

    我的女儿一生出来，她的外公第一个就到了。见是个女孩，爸爸开心得不得了，连连说："妹妹小圆脸，小眼睛，像极了我妈妈呀！"

    爸爸是个孝子。20世纪五六十年代，我阿娘（嘉善人把奶奶叫作阿娘，虽然我爸爸出生在北京，但家里还是习惯了南方人的称呼）就一直和我爸爸住。爸爸妈妈结婚后，我的阿娘、外婆就生活在一个屋檐下了。

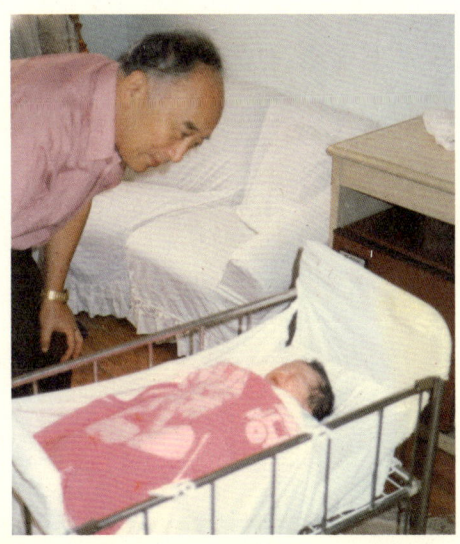

109

左图：我和妈妈在盘虎水库前的合影

右图：妈妈和外孙"宝宝"在嵊州乡下的溪坑边抓螃蟹

2004年和2007年，两年的国庆节妈妈都是在故乡嵊州度过的。

1997年，妈妈知道家乡要建水库了，她个人捐助了4.5万。水库大大地缓解了村民们的灌溉问题。

我和妈妈2004年合影的这张照片（左图），背景就是妈妈捐助家乡建的盘虎水库。那一次我们住在嵊州宾馆，为了看我两个小孩游泳，妈妈在泳池边滑倒摔了个大跟头，脸也破了，脚也淤青了，还好没有骨折。想着那一定是妈妈的童子功起作用了，有武功的人知道怎么落地对自己伤害最少。

妈妈曾告诉我她的同事张桂凤阿姨的一件趣事。有次过马路，眼见着汽车要撞过来了，张桂凤阿姨一个翻身，等车急刹车停下来，她已经稳稳地站落在车前，还告诉别人她是有武功的。

右图是2007年夏天，妈妈兴致勃勃地带我儿子在家乡的溪坑边抓螃蟹。妈妈告诉我们，她小时候经常带妹妹、弟弟在家门口的溪坑边摸螃蟹抓小鱼。妈妈一面翻开小卵石，一面嘀咕："现在螃蟹怎么那么少？从前好多呢。"

左上图：参加2003年嘉善"孙道临电影艺术馆"奠基仪式
右上图：孙道临电影艺术馆
右中图：2007年2月，最后一张全家合影。
下图：2007年2月，一家人在孙道临电影艺术馆开幕仪式上剪彩。

  爸爸的家乡浙江嘉善要给爸爸建一个纪念馆：孙道临电影艺术馆。2006年，为了让纪念馆更具现代化，上影厂的设计师准备拍一个小视频，做一个全息投影。拍摄时，因为没有经验，我老是卡壳。爸爸妈妈就一边笑一边陪着我拍了好几遍。说实话，因为平时各忙各的，所以全家在一起留下的影像还真不多。
  2007年2月孙道临电影艺术馆落成，这也是爸爸离世前全家最后一次一起出行。

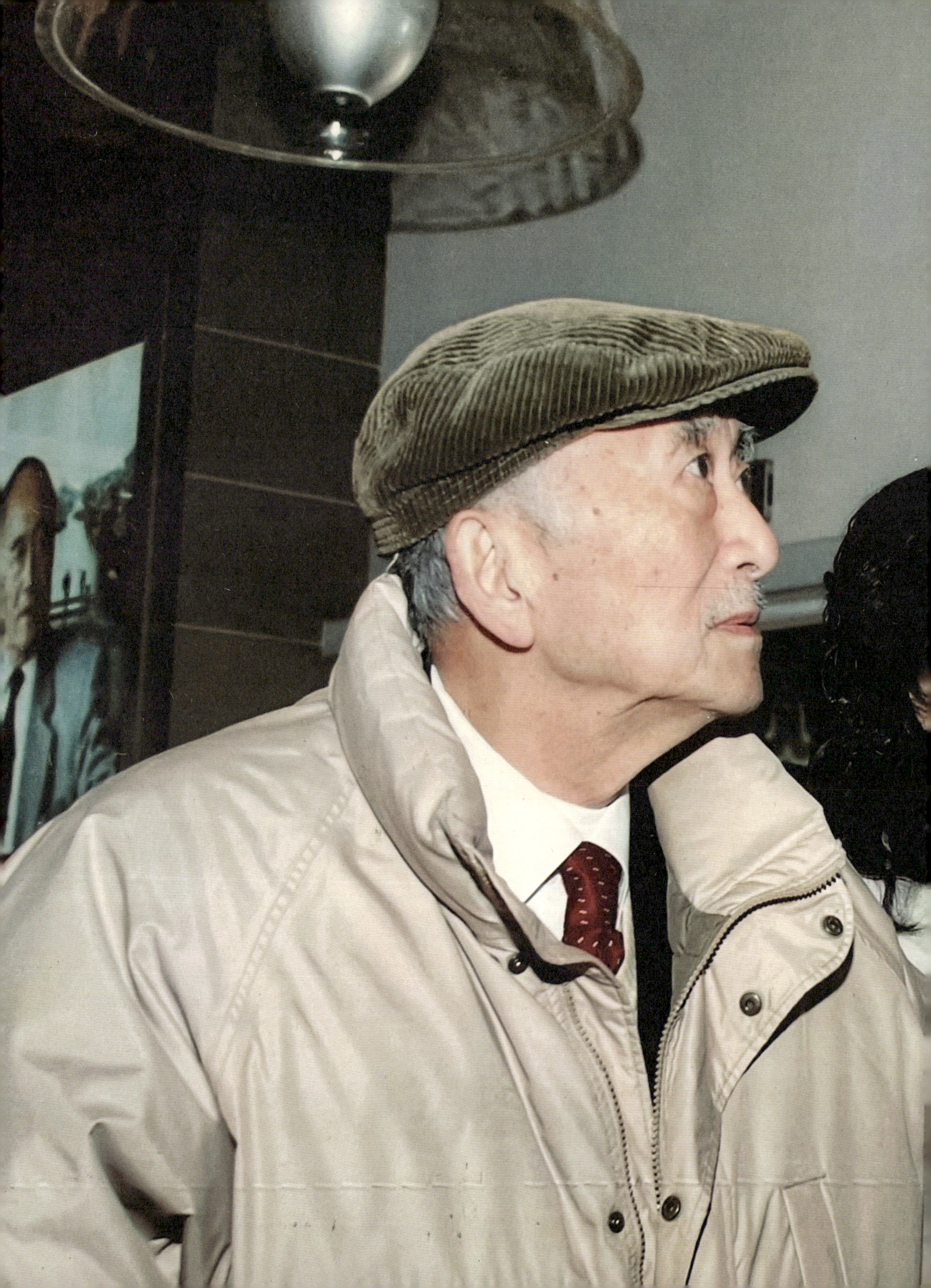

我和爸爸在嘉善孙道临电影艺术馆

2005年，爸爸得了带状疱疹，其后的后遗症一直困扰、折磨着爸爸，严重影响了他的健康，从此爸爸的身体每况愈下。有时他的左半脸疼得几乎不能碰，吃饭也只能搅碎了吃，连胡子都刮不了。所以爸爸最后几年的照片，好多都是一边有胡子，一边没有胡子，看着让人心疼。

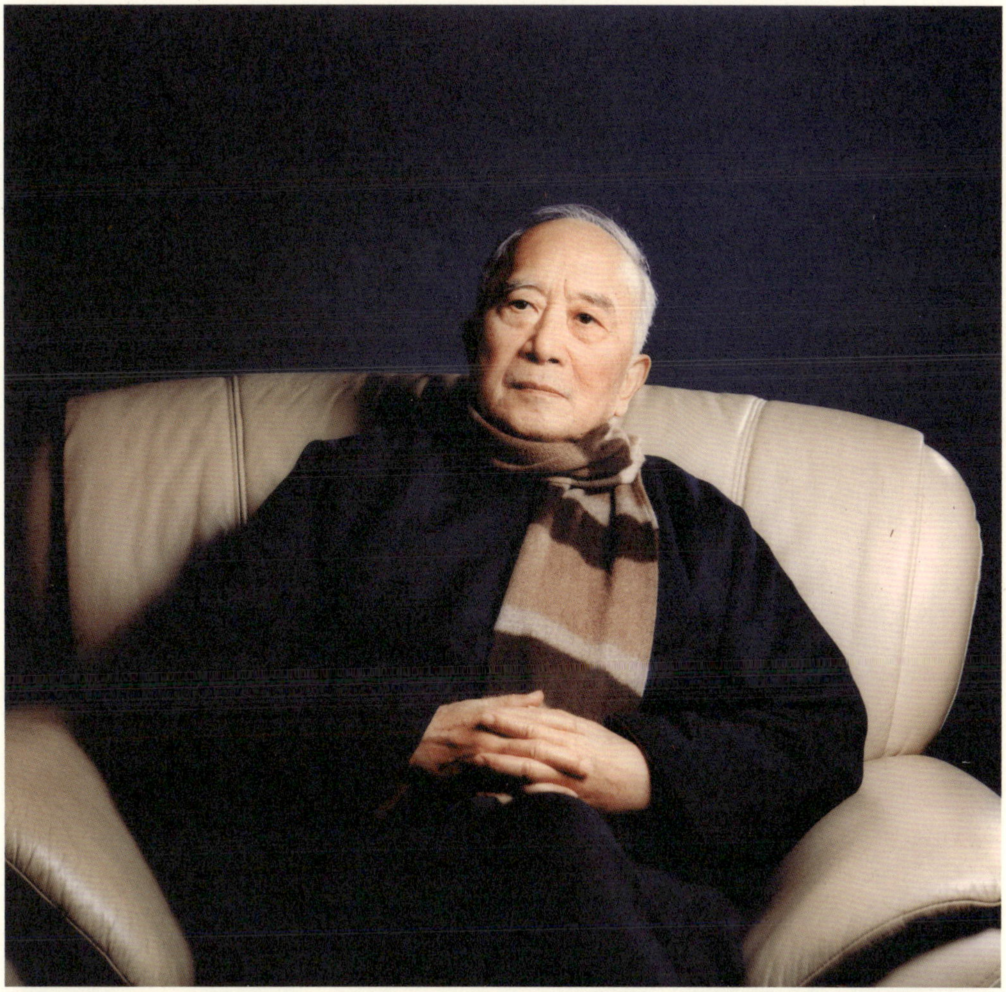

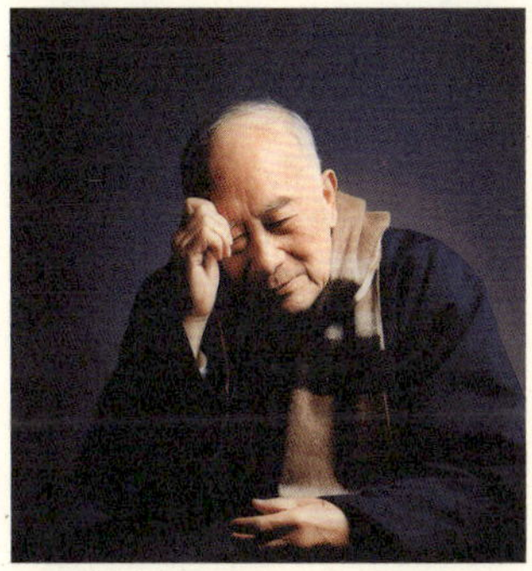

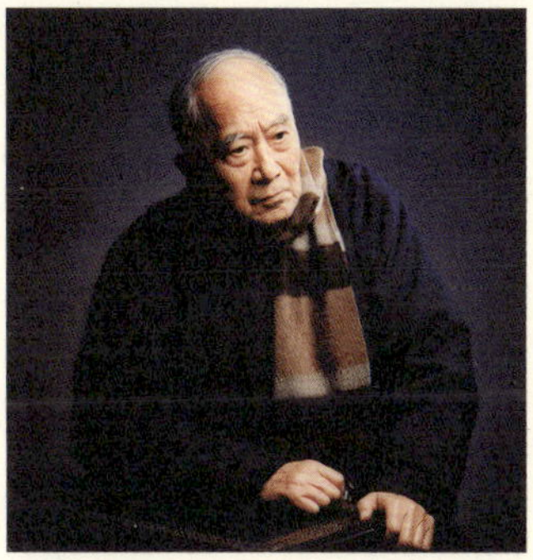

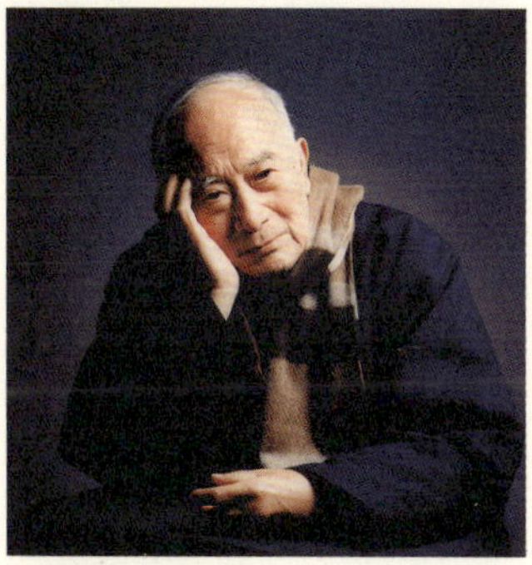

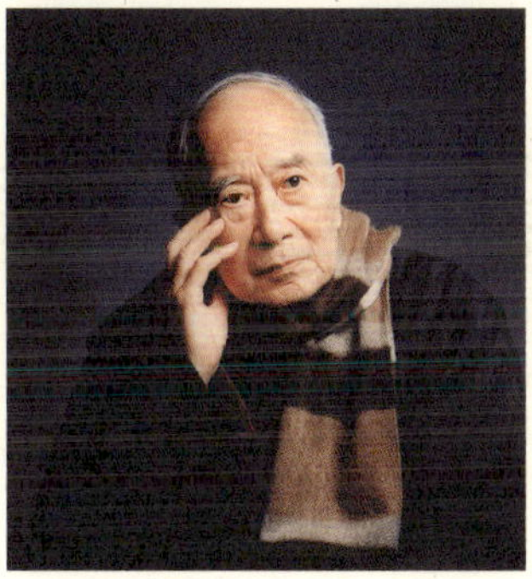

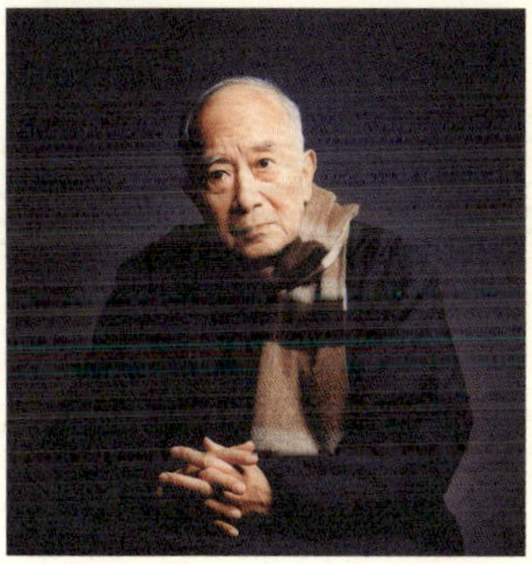

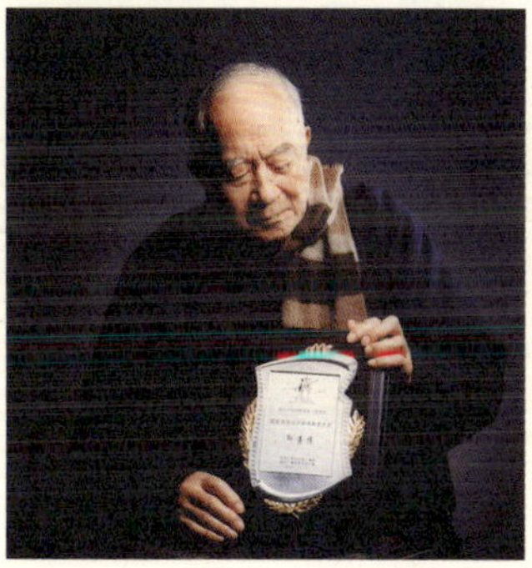

2005年，爸爸妈妈摄于湖南路兴国路口街心花园。

那时爸爸身体已经很虚弱，出门都要坐轮椅。平日里，一直陪伴妈妈的刘萌和阿姨都会推爸爸到附近的这个小花园，或者徐家汇花园散散步。每次只要妈妈在家，爸爸都想让妈妈陪他一起去。妈妈说："我也老了，走不动了。"爸爸说："那我们一人坐一半路。"这样，几个人推着轮椅出去，每次走到一半，坐着轮椅的爸爸就要求站起来，让妈妈坐，妈妈不坐他还生气。

爸爸去世后，妈妈就搬来我住的小区了，平时她喜欢逛逛法华镇路上的各种小店和菜场，来回有2千米，全程步行有些吃力。妈妈有时就会让刘萌推着爸爸用过的那辆轮椅一起去，半途走累了她就可以坐坐。

那辆轮椅先后成为爸爸妈妈晚年的代步工具，直到现在，它还一直保存在我的家中。

爸爸从2005年夏天后大部分时间都住在医院里。华东医院的探视时间是下午3点到晚上7点，妈妈总是在下午2点半左右出门，经常叫不到车，只能等公交，到了站点还要走挺长一段路才到医院。刘萌劝她避开烈日迟一点去，妈妈不听，说："这样我可以多陪他一会儿。"有时候妈妈一天要去两次，毕竟她也是80岁的人了，这样连日奔波下来，妈妈中暑发起了高烧，住进华东医院10楼。

为了不让爸爸担心，妈妈叮嘱那几天代替她去送饭的刘萌不要说她生病的事。爸爸不见妈妈，心里疑惑，憋了几天终于忍不住开口问："文娟呢，她怎么不来看我？"刘萌这才说出原委。爸爸一听就急了，立即下床穿鞋，对刘萌说："快，带我去看她。"那时爸爸走路已经需要人搀扶，但他坚持自己捧着一只西瓜从9楼上到10楼。爸爸说："西瓜可以解暑，给文娟带去。"妈妈在自传中也提到了这一段："那时他身体十分虚弱，还是抱了一只西瓜颤颤巍巍地上楼，蹒跚着来到我的病房，坚持要喂我吃西瓜。此情此景，令在场的人都十分伤感。谁也赢不了和时间的比赛，从起初的相知相守，到中年时的相互扶持，再到晚年时的相依为命，我们和众多普通夫妻一样，走过了充满回忆的近半个世纪。"

2007年12月28日上午8时58分，爸爸在上海华东医院去世。

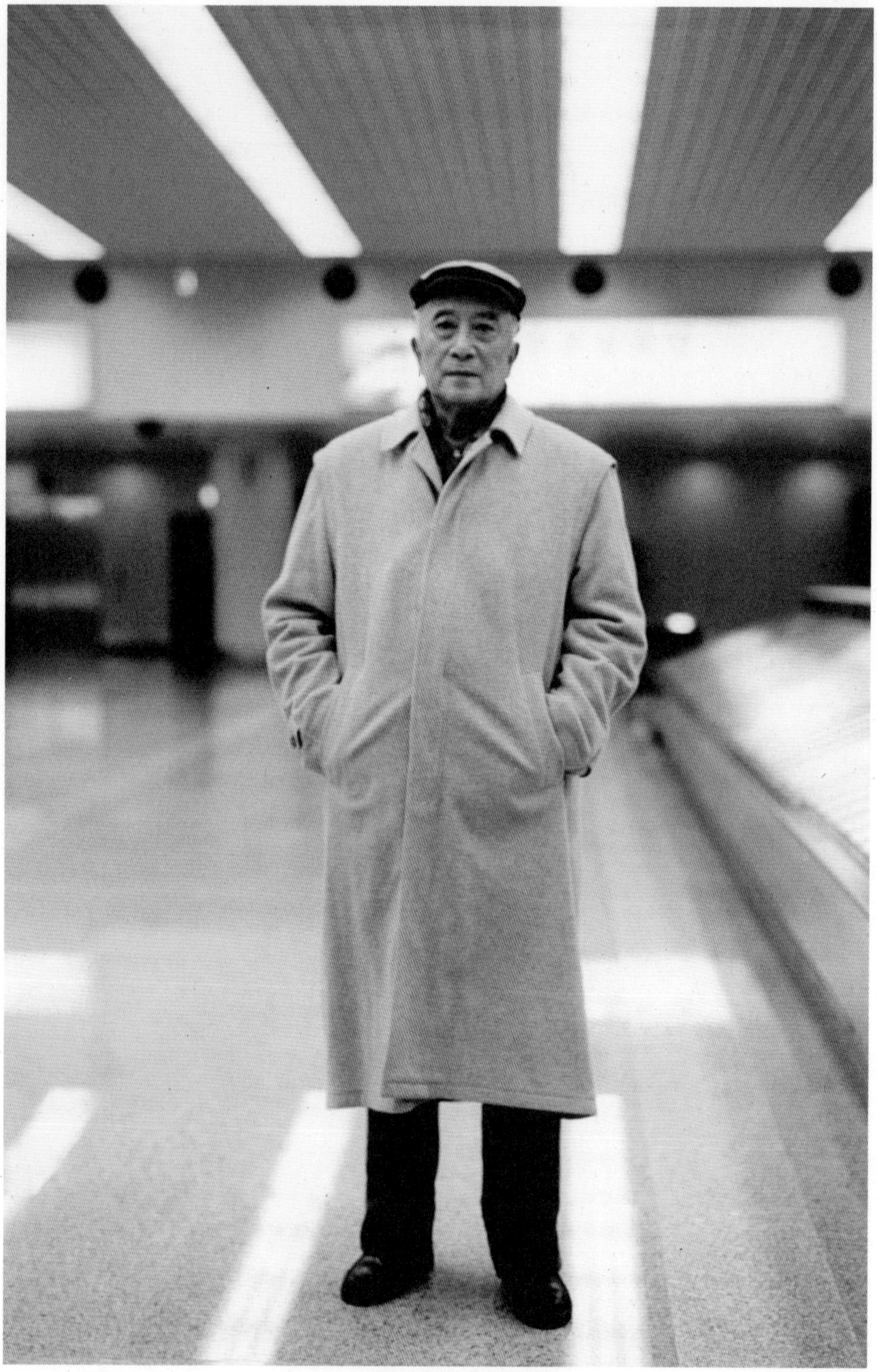

■□ 爸爸出差途中，在机场的留影。
□■ 爸爸在片场

■□ 爸爸晚年最满意的一张照片
□■ 晚年在珠海留影

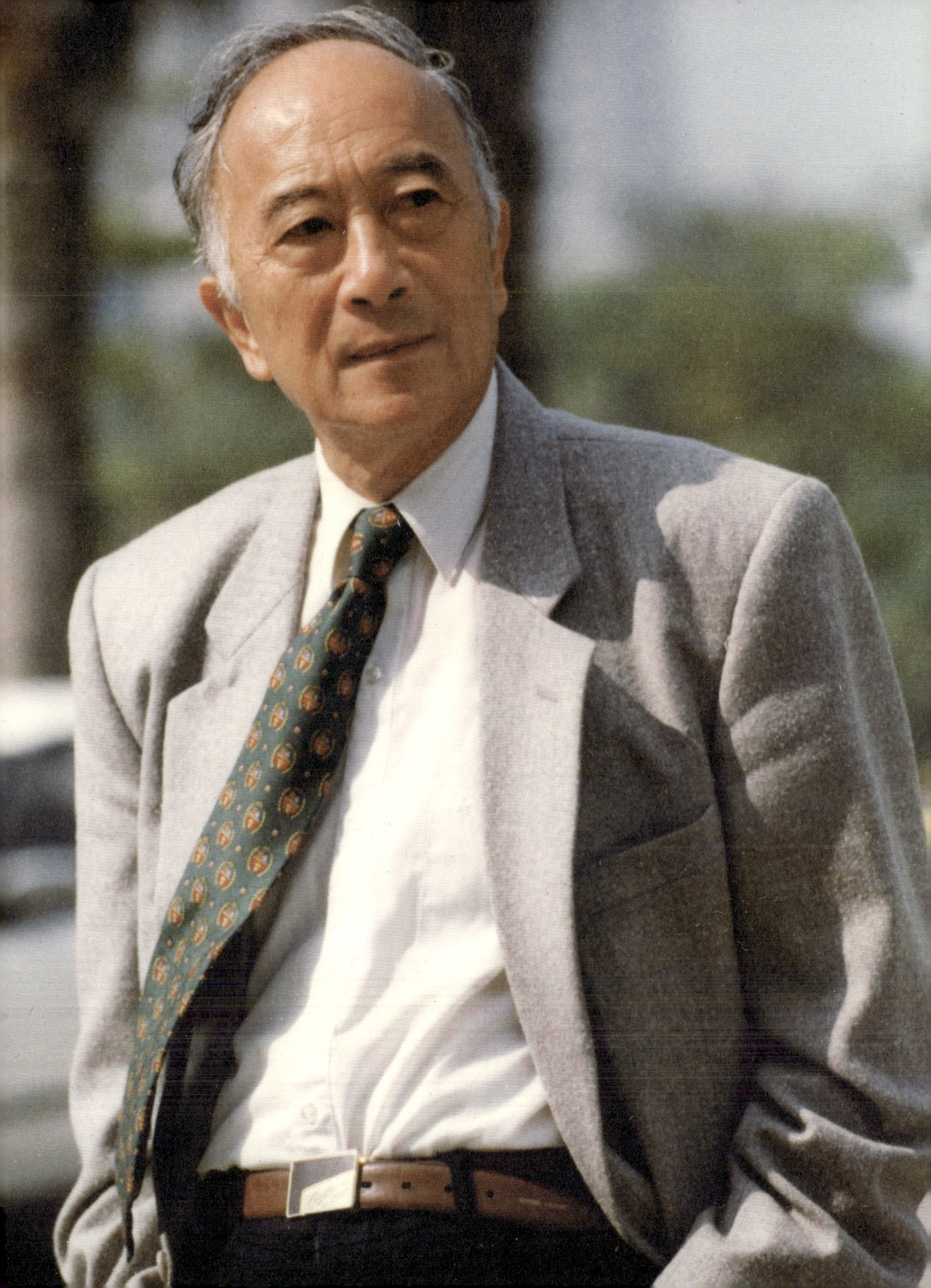

爸爸去世后，妈妈的学生、朋友、戏迷们经常来探望她，她还应邀参加了许多社会活动。妈妈消沉了一段时间之后又开始忙碌了，"忙"使她渐渐从悲伤中走了出来。

□■ 2012年,妈妈在上海书展现场。

　　2012年夏天,妈妈撰写的自传《天上掉下个林妹妹——我的越剧人生》由上海文艺出版社出版,并在当年的上海书展上正式亮相。离签售会开始还有一个多小时,来自各地的读者已经从楼上排到楼下,将书展大厅围了个水泄不通,急得工作人员大叫:"快,再多找一些保安,现在旁边全是看王文娟的人!"那天,妈妈不顾劳累签售了1200本,随后几年该书不断加印,目前已经再版4次了。

　　这本传记妈妈断断续续写了10年,作文纸上写满了密密麻麻的小字,妈妈自嘲是"挤"出来的。她走访了曾经演出和生活过的地方,邀谈了许多当年一起共事的同伴,尽了最大努力避免记忆有误。妈妈说:"我唯一能够奉献给读者们的,只有真实和坦诚。"

　　2019年,《天上掉下个林妹妹——我的越剧人生》获"第五届中国传记文学优秀作品奖(长篇)"。

左上图和左中图：妈妈在红坊创意园区的留影
左下图：妈妈在上海交通大学的餐厅休息
右图：妈妈在上海交通大学董浩云博物馆留影

　　2013年，妈妈终于搬来我家小区住了，这样"一碗汤的距离"太方便了。

　　周末天气好时，我们全家最喜欢做的一件事，就是陪妈妈散步。新华路、红坊创意园区、交通大学校园都是妈妈爱去的地方。红坊创意园区那些充满艺术气息和生活情趣的雕塑，使妈妈也想融入其中。在交通大学校园里，妈妈每每感叹，现在的学生真幸福啊，可以在这么美的校园里学习知识。妈妈一直遗憾自己年轻时没有更多的机会上学，所以非常羡慕现在的孩子可以坐在课堂里学习各种知识。

　　交通大学校园里有个西餐厅，每次陪妈妈走累了，我们都会去那里坐坐，在阳光下点几种小食，喝个饮料，这是妈妈最惬意的时刻了。妈妈最爱的是冰红茶和薯条，但我经常将她的冰红茶强行换成鲜榨果汁。

左图：哥哥与外婆
中图：妹妹在考验外婆的中国行政区域拼图
右图：两个"90后"自拍

　　妈妈退休后开始学习画画，用她自己的话是"打发时间"，然而这一"打发"就打发了20多年。直到2019年，已经93岁高龄的妈妈，才逐渐减少了去老年大学上课的次数。在家里她没有放下笔，每天一清早先摹写几大篇毛笔字，然后勾勾画画。房间里被她的画纸搞得很乱，妈妈说她自有章法，不允许我整理挪动。

　　妈妈晚年对地理非常感兴趣，几个常来常往的粉丝朋友就给她买来地球仪，闲聊时给她讲解；为了锻炼她的记忆力、眼力和手脑协调能力，还给她买来中国行政区域拼图，让妈妈把一块块中国行政区域拼图打乱了，再一块块拼接起来。妈妈很喜欢这样的学习型娱乐，于是我有时回家会看到这样的场景：90多岁的妈妈认认真真、兴致勃勃地在拼中国行政区域拼图，还给我一一讲解她什么时候去过哪里，干了些什么……

　　外孙暑期回家，妈妈也饶有兴趣地听他讲解绿色建筑的专业知识。

125

■□ 专注练习国画的妈妈和在旁玩耍的妹妹

■ 妈妈在《致敬经典》拍摄采访现场

    2018年，中央电视台《致敬经典》栏目做了爸爸的专题，节目组特意到上海采访了92岁的妈妈。访谈结束后，妈妈感谢工作人员，她说："我会去告诉道临，还有那么多观众记得他，他会开心的。"爸爸去世以后，妈妈每逢自己或者家里发生比较重要的事情，都会去宋园跟爸爸说，她觉得在天国的爸爸一定能听到。

■ 妈妈在《致敬经典》拍摄采访现场

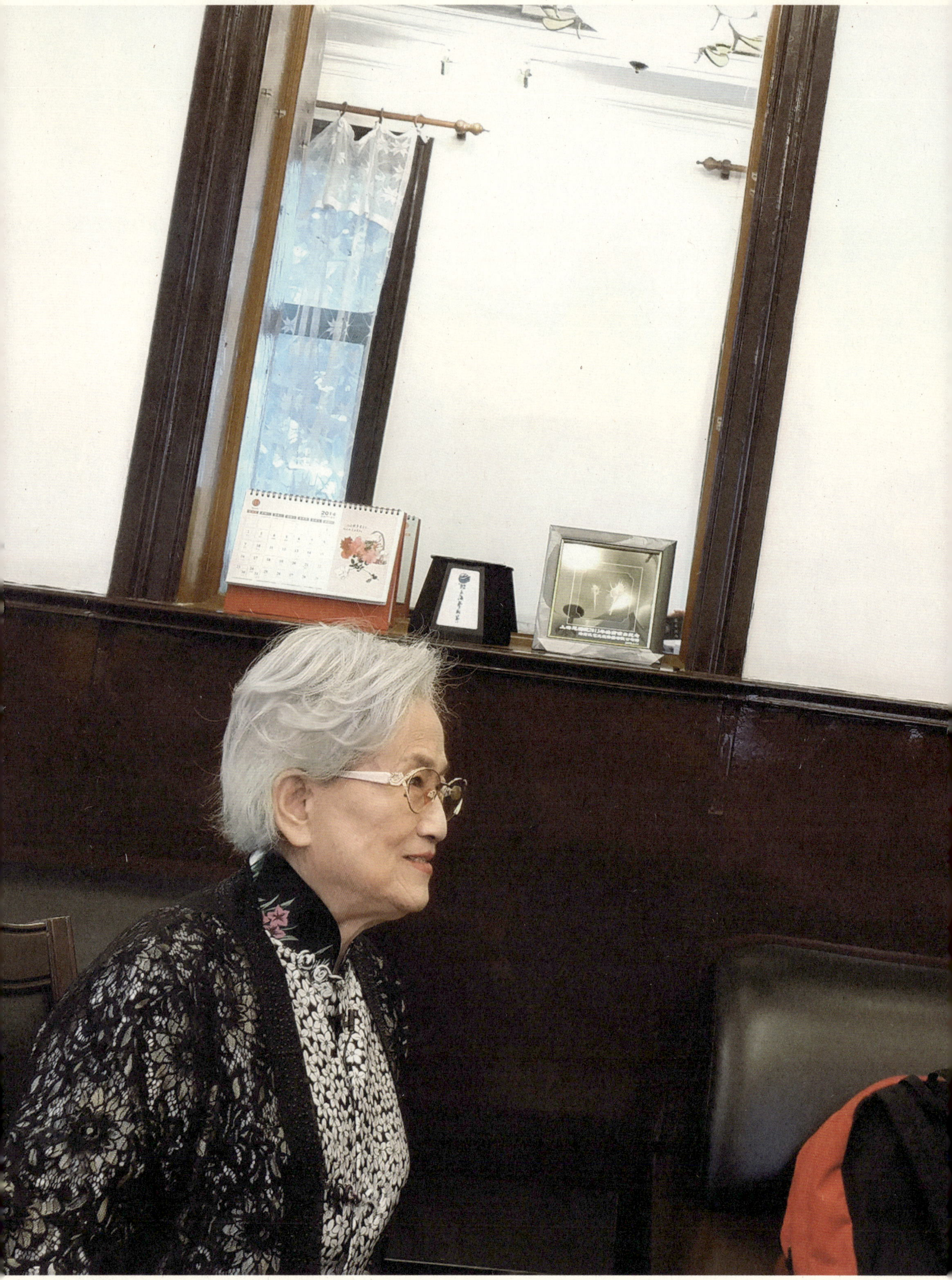

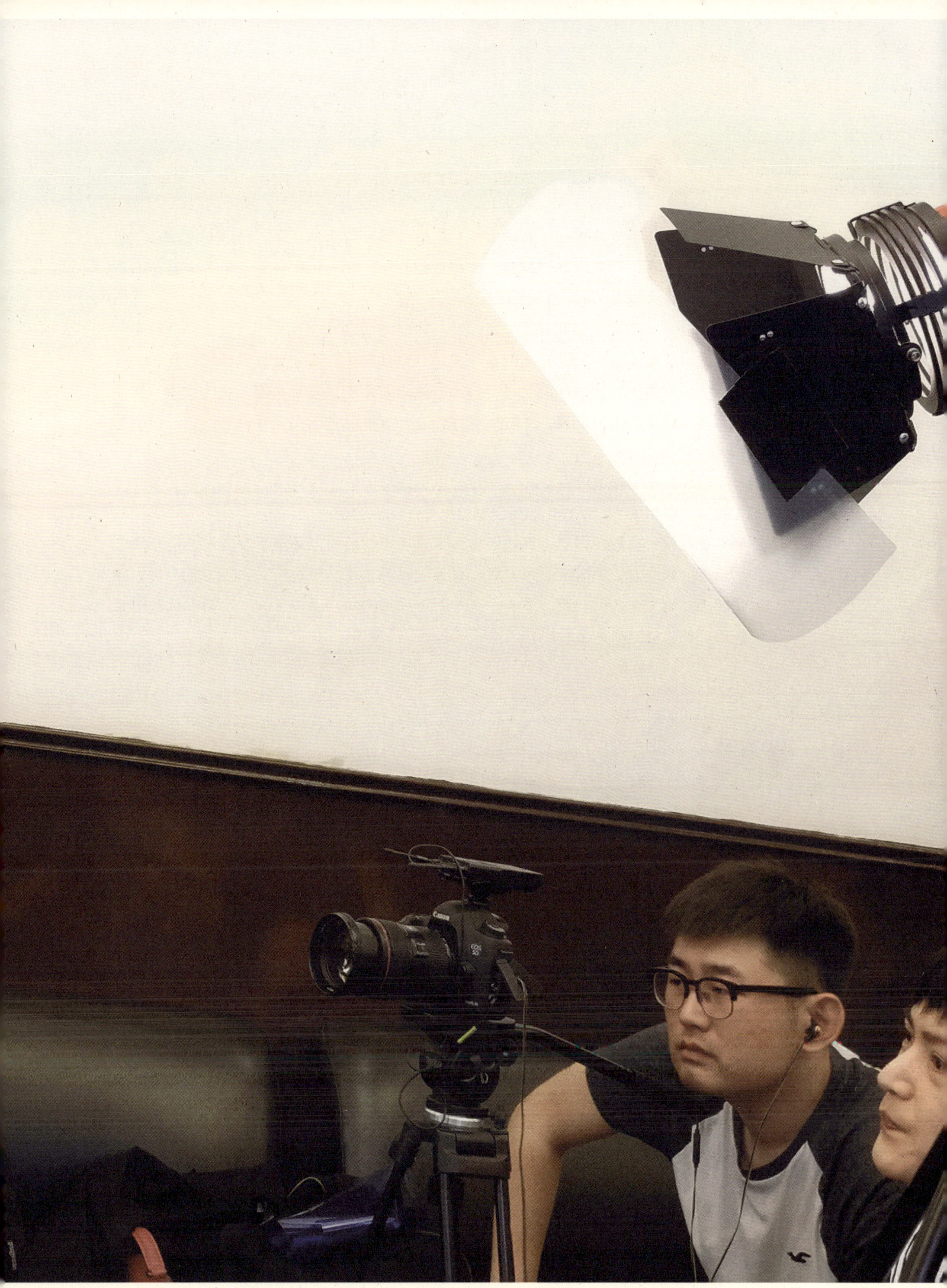

左上图：在枕流公寓43室前的合影
左下图：在枕流公寓的门口
右图：在枕流公寓的花园里（右一为曹可凡）

我一直都想去看看自己的出生地——华山路上的枕流公寓。2019年圣诞前，经好友曹可凡帮忙联系，我们祖孙三人总算如愿了。那天妈妈特意穿上了大红色的羽绒衣，仪式感满满。

1962年，爸爸妈妈在枕流公寓结婚。1964年，我出生在那里。这次是我和女儿第一次看到枕流公寓对着花园的这一面及其内部结构，这才领悟到外婆、妈妈为什么一直说武康大楼比起枕流公寓差多了。武康大楼四周都是马路，比较嘈杂，枕流相对更安静。当时我们住在43室，可惜那天43室没有人在，我们只能在门口拍了张照片留念。

据说在我妈妈搬进去前，43室住过电影演员陶金；1964年我们搬出后，又住过陈铁迪、李国豪等；现在住的是"桐油大王"沈瑞洲的后人。

在枕流公寓的花园里，妈妈还讲述了有人当初传说"孙道临拿着雨伞追小偷"的故事。妈妈说，那时她正怀着我，有天深夜听到花园里有声音，以为是小偷，向来胆大、见义勇为的妈妈，拿着一把平时练功用的剑，就冲下去了，结果爸爸担心妈妈，就找了把雨伞也下去了。后来知道是一场虚惊。

上图：妈妈和女儿、女婿合影，摄于2020年国庆节和中秋节。
下两图：妈妈最后的画作

  妈妈自2020年2月起就住进华东医院了。2020年国庆节，我特意向医生申请，让妈妈请假两天回家，并保证不让妈妈接触家人以外的任何人。于是，妈妈在住院八个月后，总算回到了她朝思暮想的家。在家里，她东摸摸，西摸摸，这里看看，那里转转，开心得不得了。

  没有想到这竟然是我、解鸣和妈妈度过的最后一个国庆节、中秋节。

庆生，对我们家来说一向不被重视。

在我儿时的记忆里，爸爸妈妈从来没有过过生日，所以我也是很晚才知道爸爸妈妈的生日，而且阴历阳历还傻傻地分不清。即便是我的生日，好像也不常过，顶多是吃碗大排面，但那时有大排面应该也是不错的了。

近十几年来，妈妈开始过生日了。一过起来，就是一年过三次。妈妈的阴历生日是十二月十九日，阳历是1月22日，但身份证上阴历当成阳历写了，大概是妈妈觉得什么时候生日并不重要吧！所以，每年阳历12月19日，越剧院领导准时带着鲜花和蛋糕前来探望；每年阳历1月22日，妈妈的戏迷们执拗地要"拨乱反正"给妈妈过正生日；而每年阴历十二月十九日，妈妈的业余学生还要来给她过一次，说是中国人老法都这么过的。

2020年10月18日，我过了最后一个有妈妈在的生日（左图）。那天我点上蜡烛刚要许愿，妈妈就开始碎碎念地代我讲了。我说："你到旁边去，不要讲话呀！"

妈妈呵呵地笑了，等我一开始，妈妈不出声地嘴里又开始念念有词了。冥冥之中，妈妈是要把她最后的祝福送给女儿呀。

妈妈现在真的到"旁边"去了，也不再讲话了。妈妈在，女儿永远有一个可以回得去的家。妈妈走了，留给女儿的却是无尽的思念。

左图：在华东医院，妈妈天天不忘学习。
右图：妈妈为准备嘉善展览写的小纸条

    在华东医院最后的日子里，妈妈心里还惦记着好多自己要做的事，一会儿写毛笔字，一会儿又说要把《沉香扇》她所有的唱段抄下来，还要把《红楼梦》里"葬花词"的曲调再改一改。她说2021年7月是中国共产党成立100周年，她年纪太大，登不了台了，但要写一个越歌给学生们唱，表表一个有着64年党龄的老共产党员的心意。我及时地把妈妈的哼唱及她对毛泽东《蝶恋花·答李淑一》这首词的理解录下，于是就有了妈妈留给大家的最后一部作品。

    在住院的这段日子里，妈妈听说爸爸的家乡嘉善要为她举办一个展览，非常高兴。为了准备展出的戏服，她还把她的建议写在小纸条上，夹在她那本《天上掉下个林妹妹——我的越剧人生》的自传中，嘱咐我转交给越剧院的服装师。

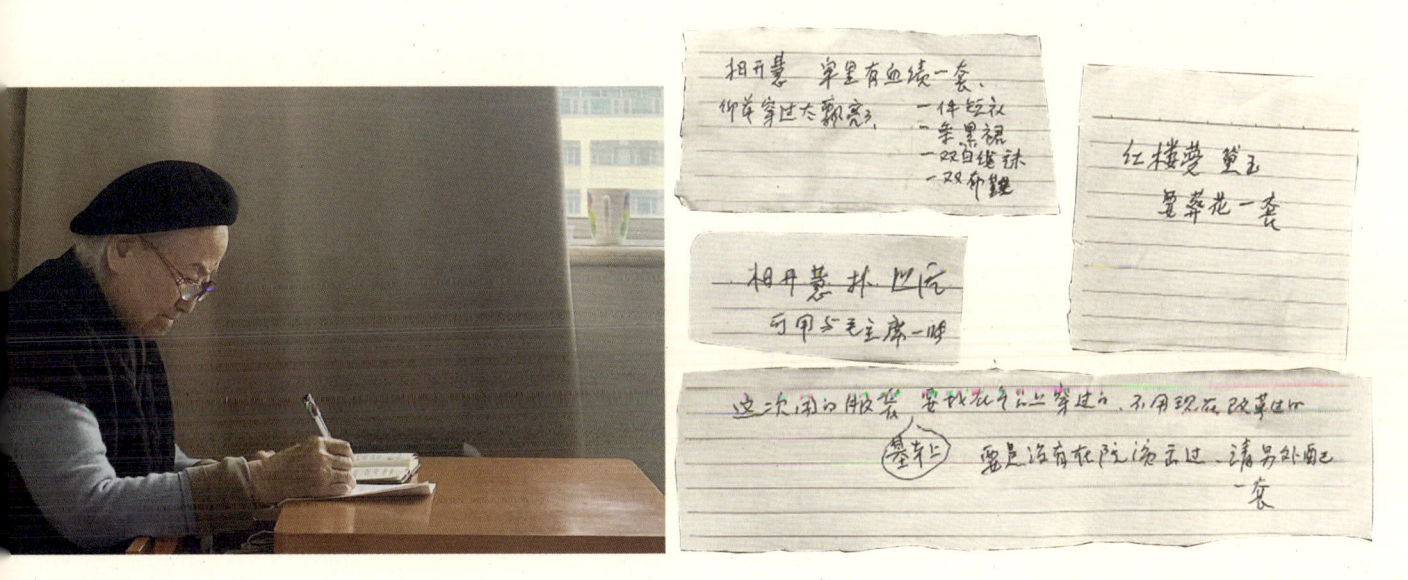

妈妈从来不避讳谈及身后事。每次我陪她去宋园看爸爸，她都会若有所思地在爸爸的墓碑前，左面站站，右面站站，然后比画着告诉我，等她百年之后，铜像放在哪儿比较好。她还给刘萌买了这个10元钱的折叠小凳，说："这样，你以后就可以来这里坐坐了。"

我在整理妈妈的衣箱时，发现了这件灰紫色滚边旗袍（左图），这是她在 1960 年去香港演出时穿过的。

　　都说妈妈穿旗袍别具东方女子风韵，因此每逢重大活动她必来一场旗袍秀。爸爸也喜欢妈妈穿旗袍，妈妈在外会留意给爸爸添置外套，而爸爸看到花色稀罕的布料，也会买来给妈妈做旗袍。

■ 妈妈在第 27 届白玉兰颁奖典礼上

　　妈妈非常喜欢这件两侧镶着牡丹花的旗袍，91 岁时曾经穿着它领取了第 27 届"白玉兰戏剧表演艺术终身成就奖"，穿着它最后一次登台演唱了《追鱼》。

　　2021 年 8 月 6 日凌晨 0 时 25 分，妈妈在华东医院去世。最终，我为她换上这件旗袍，妈妈漂漂亮亮地去找爸爸了。

妈妈在第 27 届白玉兰颁奖典礼上

上图：爸爸妈妈长眠于宋庆龄陵园
下图：我们全家在妈妈的落葬仪式上

  如今爸爸妈妈已长眠于上海的宋庆龄陵园。不过我没有让妈妈站着，这样太累了，他们应该是一体的。

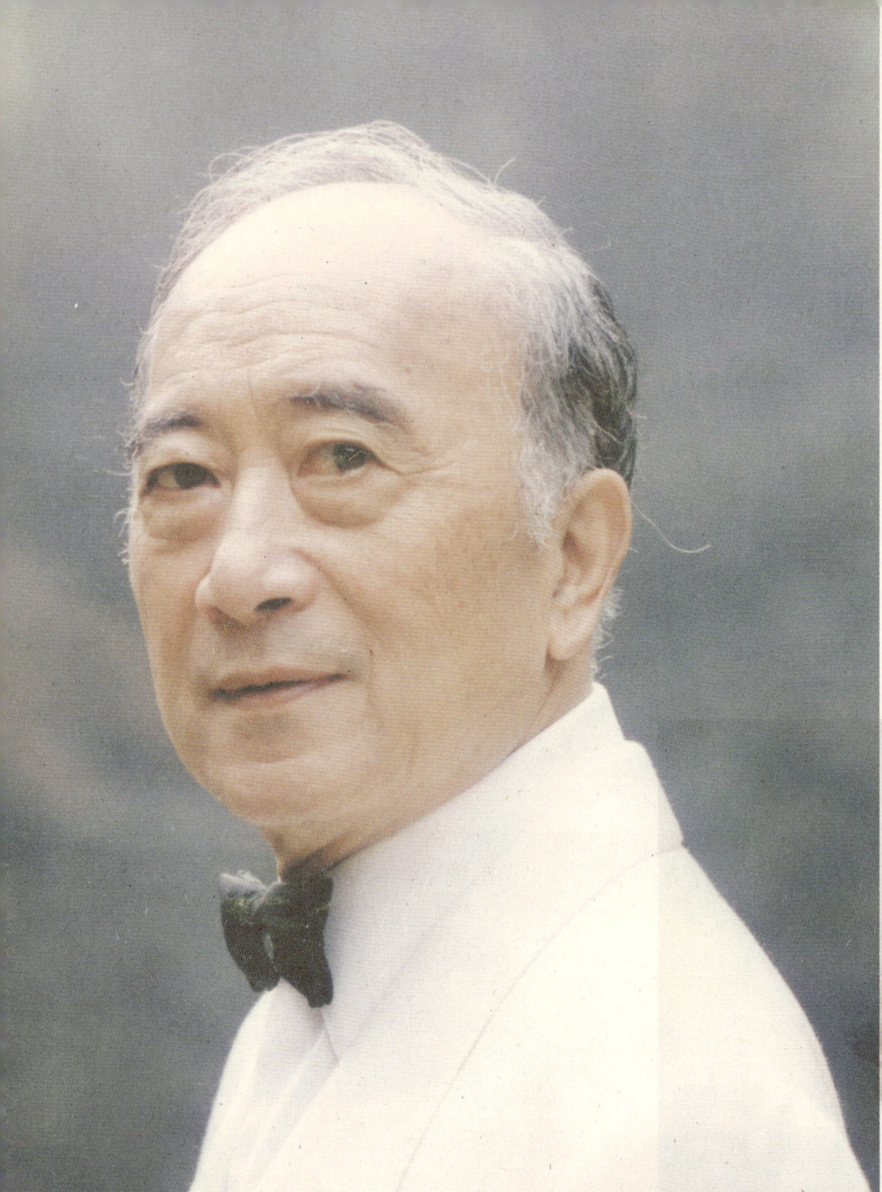

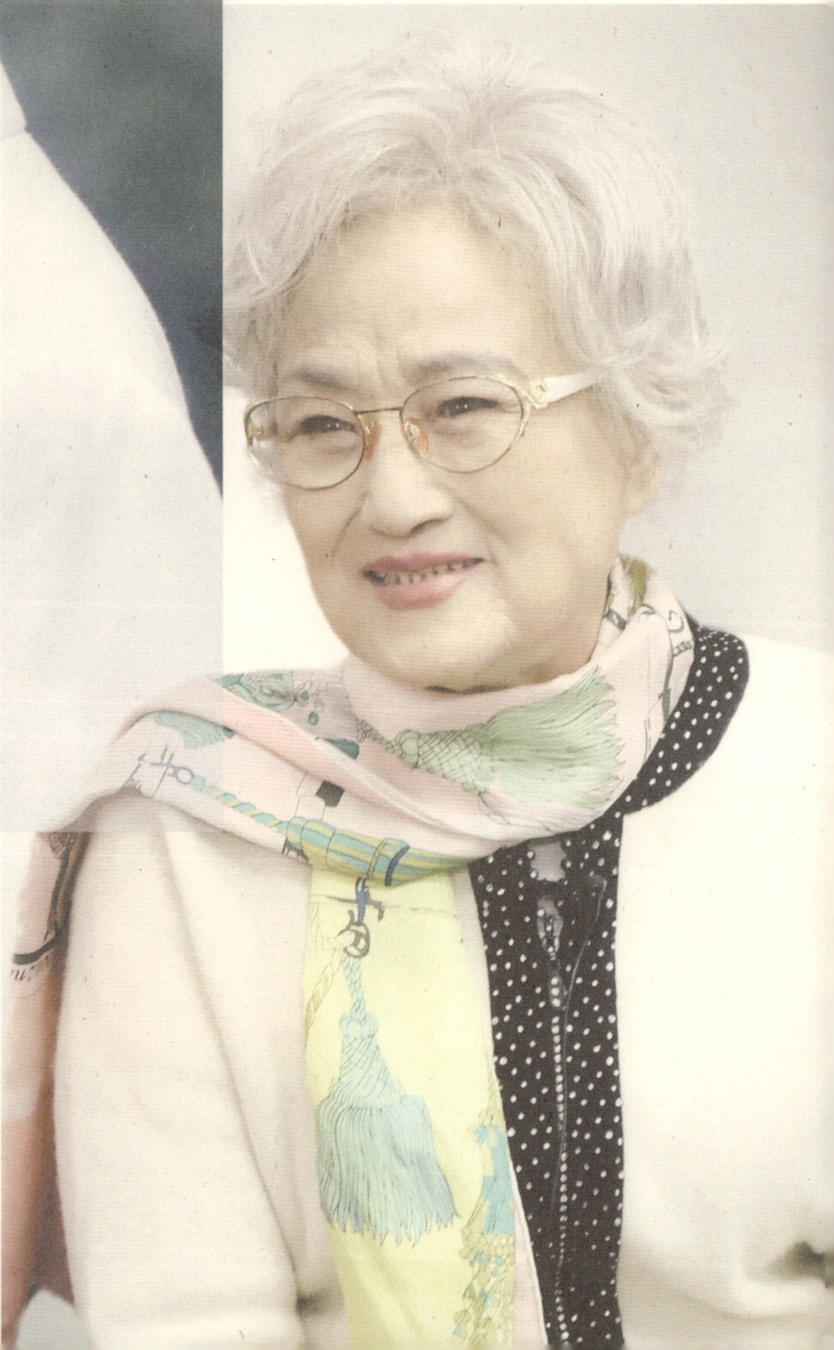

第二篇

父亲孙道临的电影之路

第一章　水银灯下

　　初登话剧舞台

　　青涩的银幕形象

　　银幕黄金时期

　　演而优则导

　　帮母亲圆梦

　　光影四十载

　　中国电影的传播者

第二章　语言艺术

　　醉心于配音

　　钟情于朗诵

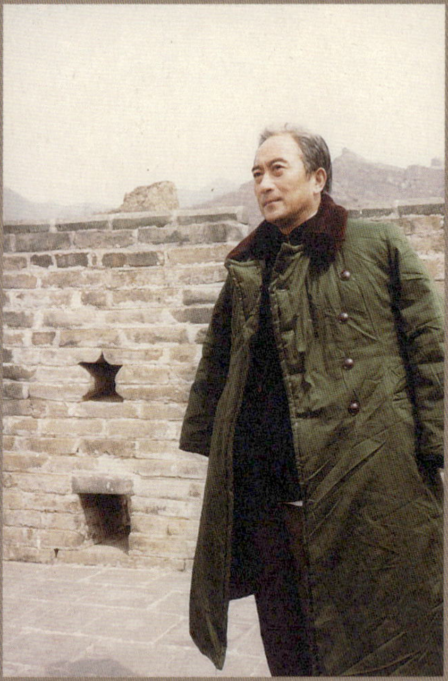

第一章 水银灯下

父亲或许不是天生的演员，他性格内敛，思维缜密，做事严谨，更适合当一名学者。但同时他又热爱文艺和诗歌，有着丰富细腻的情感，加之出色的外形条件，所以他的挚友黄宗江伯伯认定他是一块当演员的材料，执意将他引入影剧圈，而父亲后来的成就也证明了宗江伯伯没有看错。

从表演的风格和特色来说，不少人认为父亲是属于本色演员，对角色是体验重于表现。但父亲能在自己的本色表演中寻找人物不同的性格，为角色的思想感情与内心世界找到最恰当的动作、表情和语调，化自我为角色，使最后留在观众印象里的是那一个个鲜活的、经典的艺术形象。汤晓丹伯伯曾经说过："道临同志的戏路是很宽的，他的风格是内向而深沉的。"可谓是知音之言。

作为女儿和圈外人士，我无法更多地从专业角度去评价父亲的表演，但我觉得，他创作的作品和塑造的角色这么多年后依然能被人们记住和怀念，作为演员，他无疑是成功的。

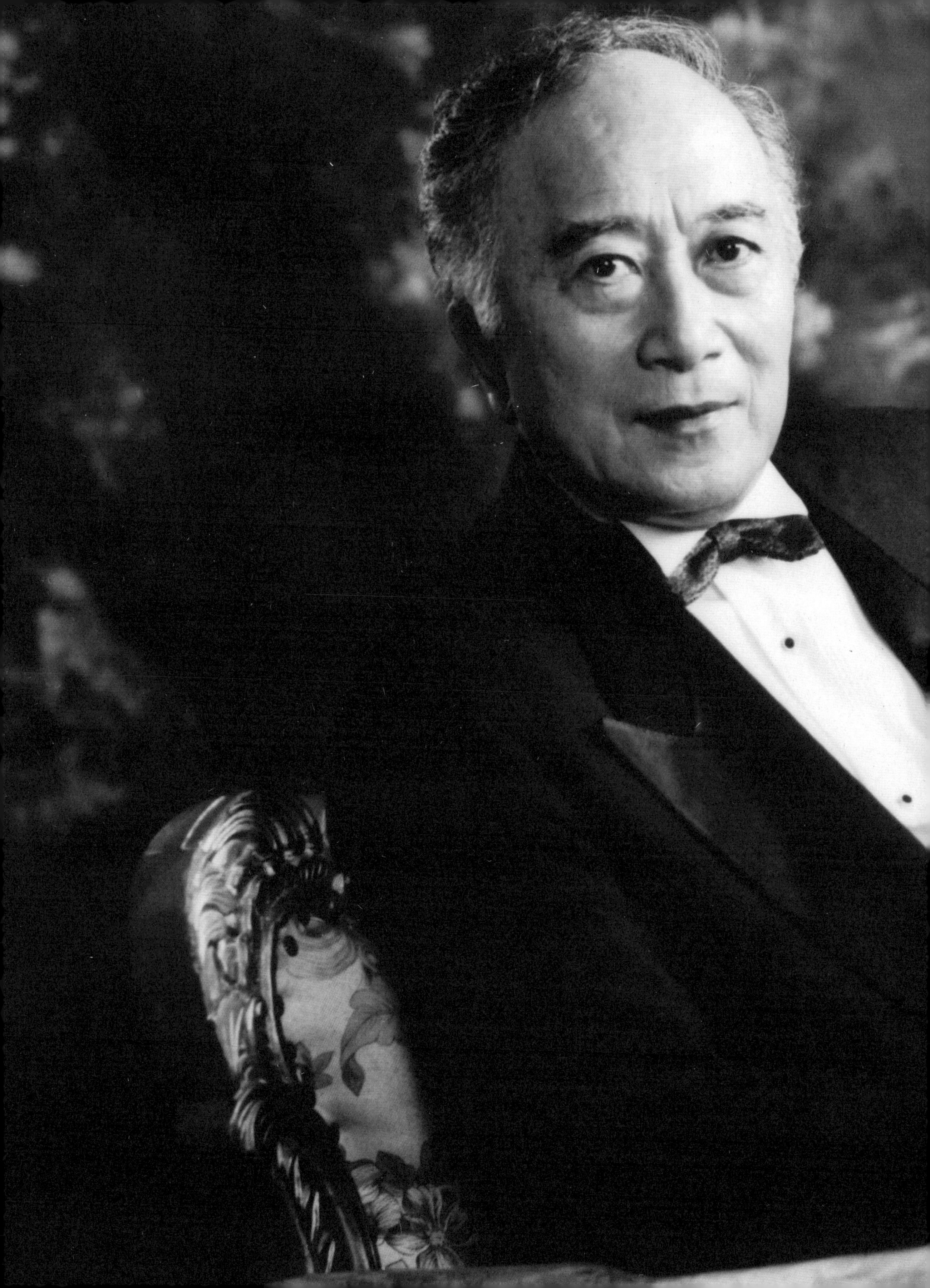

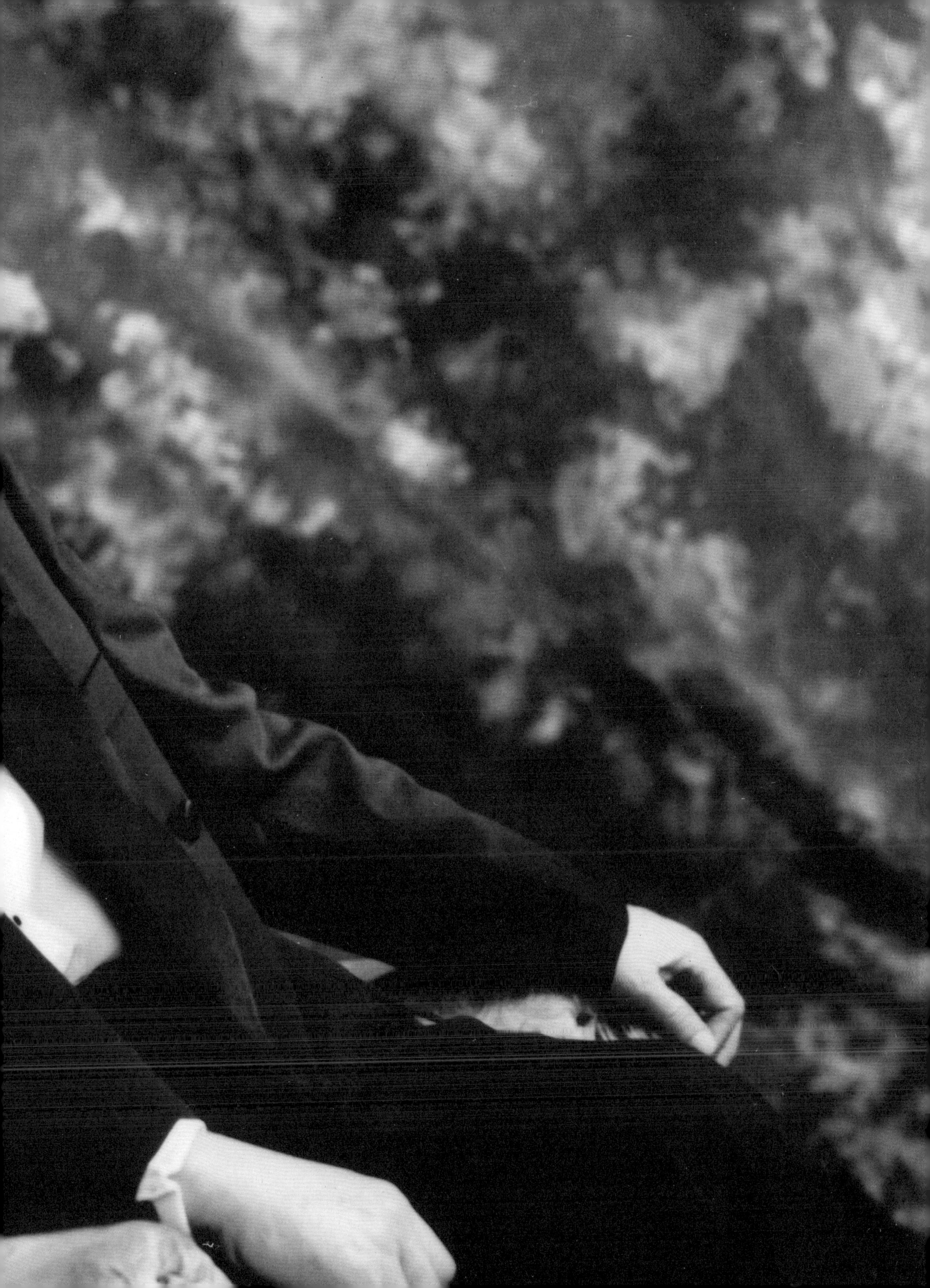

初登话剧舞台

父亲（左一）早年参演燕京剧社独幕剧《窗外》

　　从初中起，父亲就是一个影迷，学校附近有两家二轮影院，东面是中央电影院，即现在北京音乐厅原址，西面是绒线胡同西口的中天电影院。下午下了课，父亲常赶去抢着买个前排座位，花一两角钱就可神游那些新奇的境界。

　　1939年，父亲参加了由黄宗江和同来燕京的南开同学张福骈等筹建的燕京剧社。他干得很认真，每每有所得，必细心记录。那时，每到周末，燕京剧社的一班成员就到名导演陈绵博士家里排戏，偶尔也到中国旅行剧社的创办人唐槐秋家里排戏。通过排戏，父亲耳闻目染，为今后走向银幕不经意间打下了基础。

■ 父亲演出由英国作家莫姆创作的话剧《生死恋》，他在剧中（中坐者）饰演受伤的飞行员，父亲的好朋友程述尧饰演医生（右一）。

左图：1943年，父亲在话剧《家》中饰演觉慧。
右上图：话剧《家》剧照，右起依次是父亲、杜萍、郭平。
右下图：父亲（左）和蓝马（中）
1949年，《大团圆》首映发行的电影说明书。

1941年12月8日，日军偷袭珍珠港，日美战争爆发。第二天早晨，日本宪兵就封闭了美国教会办的燕京大学。父亲失学了，又不愿进敌伪办的大学去继续学业，就于1943年春在北平参加了唐槐秋办的中国旅行剧团，成为职业舞台演员，先后在《茶花女》《日出》《三千金》等剧中担任角色。父亲天资好，起步快，各类角色都能胜任，且常有新的创造。

也就在中旅剧团时，父亲将本名孙以亮改为孙道临了。我曾经问过父亲为何改名"道临"。父亲说就是道路来临的意思。1943年正是燕大关闭、父亲结束失败的羊倌体验，生活处于迷茫之际，他渴望找到一条未来的人生之路。

父亲的挚友诗人学者翻译家吴兴华曾在1944年9月9日给文艺评论家，翻译家宋淇的信中写道："以亮这次一飞冲天，在我们知道以亮才能的人看起来自然不足为奇，不过总算给燕文脸上贴点金，当然值得脱帽欢呼，看样子你当初的预言说这些人将来全会在不同的路上有伟大的成就的话，颇有见诸实现的可能了……"（摘录于《风吹在水上：致宋淇书信集》）

以新姿態 作新風格 立新人材 集新合集

向世界影壇進軍

李萍倩主辦
上海藝廣劇播電影公司

清華影片者限公司

創業巨獻

大團圓

出品人 金山　製片人 李畏

編劇　黃宗江　導演 丁力

(以姓氏筆劃為序)

石羽　朱嘉琛　吳茵青　李偉年　韋偉　高凌如　孫道臨　程述堯　馮喆子　葉路曦　劉衡混　藍馬　禹小平

堂堂之陣・全力合演

獨標高格　文藝鉅片

青涩的银幕形象

《大团圆》剧照

　　1947年夏，父亲从燕大毕业后，重返舞台已不那么容易了，幸而当年冬天，焦菊隐先生在北平组织了一个艺术馆，内设京剧队和话剧队。话剧队第一个戏就准备排黄宗江的新作《大团圆》，这出戏写北平一家人在抗战前悲欢离合的故事，父亲担任其中三哥的角色。1948年春节，话剧《大团圆》在北平建国东堂（飞仙剧场）演出，首演可用"轰动"两字来形容。黄宗江伯伯的作家地位由此奠定，父亲也是由此以演员的身份进入观众的视野。

　　同一年，父亲从北京来到上海，进入清华影业公司，参加拍摄了第一部电影《大团圆》，开启了他的电影梦想之路。

149

左图：《大雷雨》海报
右两图：《大雷雨》剧照

在父亲的手写大事记里，记载着一部电影：1949年由上海远东影片公司拍摄的《大雷雨》。该片女主演沙莉之后又和父亲合作了《万紫千红总是春》，摄影师薛伯青后来担任过《永不消逝的电波》的摄影。

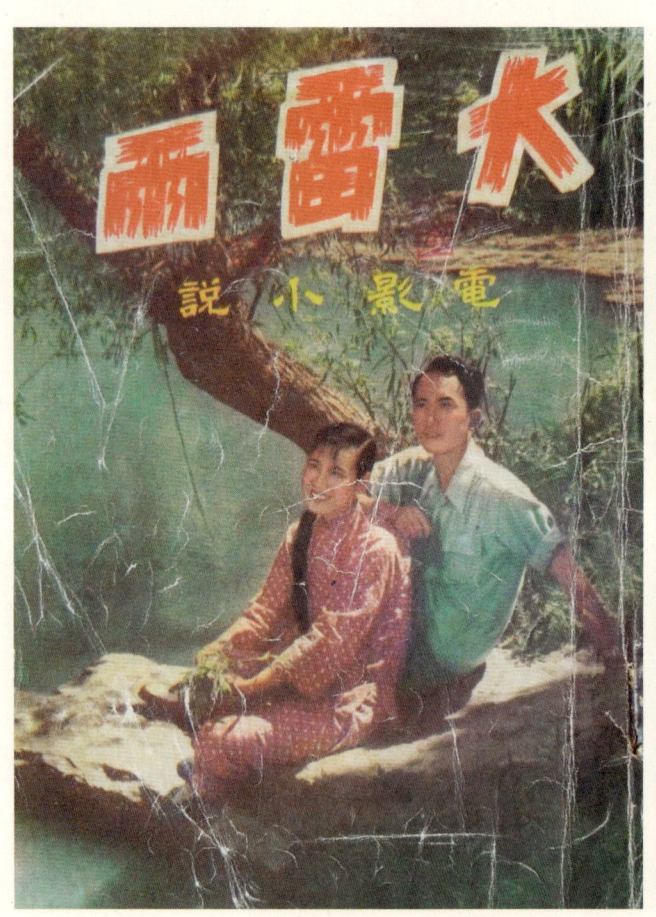

右图：父亲在电影《乌鸦与麻雀》中与上官云珠饰演一对夫妻。这是父亲第一次与上官云珠合作，上官云珠当时已经是有名的演员了。
左图：1949年，在《乌鸦与麻雀》中父亲饰演华洁之。
底图：1957年第24期《大众电影》封面

　　影片《乌鸦与麻雀》围绕上海做投机生意的伪国防部科长侯义伯强占民房，又强迫房客搬家，以及住客们与其斗争展开情节。父亲饰演的华洁之是个穿长衫的教书先生，知识分子常见的善良与通病在他身上都有。父亲很准确地把握和表现了华洁之复杂的内心与个性，按当时圈子里的说法是"钻到了人物的皮肤里去"，按他自己的说法是"力求展现人物心理的真实"。

　　此片的主创阵容可谓星光灿烂。

　　编剧有沈浮、王林谷、徐韬、赵丹、郑君里、陈白尘（执笔）。

　　演员有赵丹（饰肖老板）、孙道临（饰华洁之）、上官云珠（饰华太太）、黄宗英（饰余小瑛）、魏鹤龄（饰老夫子）、李天济（饰侯义伯），以及号称"远东第一老太婆"的吴茵（饰肖老板妻子）。

■□ 1950年,《民主青年进行曲》剧照,父亲饰演方哲仁,姚向黎饰演宋蓓华。

影片《民主青年进行曲》是贾克、赵寻在话剧的基础上改编的,导演是王逸。它以1947年5月20日发生在北平"反饥饿、反内战"的学生运动为历史背景,讲述大学生方哲仁如何在严酷的现实斗争中,在共产党地下组织的帮助下,从不问政治、闭门读书,转向投身反内战政治运动的故事。

这一生活父亲恰好经历过,这样的人物也极熟悉,演起来就格外亲切。

右图：父亲经常说起汤晓丹伯伯（右）对他有知遇之恩
左图与底图：《渡江侦察记》分镜头剧本

银幕黄金时期

《渡江侦察记》讲述解放军主力强渡长江前，李连长在激战前夕亲率小分队秘密过江，潜入敌军心脏地带，在虎口中查清敌军江防部署的故事。

当年，汤晓丹导演提议让父亲饰演李连长，不只电影局的领导反对，连我父亲本人都深感惊讶。那时他刚从朝鲜前线回来，经历了战友牺牲的痛苦，思想上受到很大触动，他甚至觉得自己不适合当演员。但汤导的认可和信任激发了父亲的创作热情，为了演好这个人物，他深入生活，从生活中概括、提炼艺术形象，努力从内心和形体两个方面去掌握角色，丰富军人的精神特质。这部电影也成了我父亲演艺生涯的一个转折点。父亲认识到，演员既不能以自己来代替角色，也不能脱离自己来表演角色，重要的是通过对角色的理解和感受，把自己融入角色中去。

《渡江侦察记》剧照

上图：拍摄期间，父亲在海南文昌金华村、通什黎族村体验生活。
下两图：《南岛风云》剧照

电影《南岛风云》是由上海电影制片厂于1955年摄制的剧情片，父亲饰演韩承光，上官云珠饰演符若华。该片讲述了1943年海南岛抗日武装某大队撤离山区根据地的故事。

上两图：1956年，《春天来了》剧照。
下图：剧组杀青后合影

　　《春天来了》是父亲于1956年参加拍摄的一部影片，为名作家鲁彦周的电影剧本处女作，由顾而已担任导演，父亲饰演农民鲁淮生。故事讲的是在农村合作化运动中农民的心态。对父亲来说，难忘的是他第一次演农民——一个正派积极的农村青年。他在片中把头发剪短了，演得自然而朴素。

■ 1957年,《电影故事》封面刊登《家》剧照。

电影《家》剧照，张瑞芳饰演瑞珏，黄宗英饰演梅芬。

　　父亲与巴金先生的《家》很有缘分，早在崇德中学时期，他就读过这本小说，非常喜爱。父亲在1943年参加中旅时饰演过三少爷觉慧，在1956年版电影中饰演大少爷觉新，1957年在话剧《家》中扮演觉新，又在2003年明星版话剧中饰演高老太爷，时间跨度一个甲子。接受采访时，父亲笑言："岁数大了，已经在《家》里提升到最高级别了，下次再演的话真不知道该演谁了。"

　　影片《家》1956年由上海电影制片厂拍摄，改编者陈西禾，导演陈西禾、叶明。因为觉新经常悲伤流泪，大家就戏称父亲是著名诗人"孙大雨"；扮演觉慧的张辉，因为总是愤恨大哥软弱无能，经常泪如雨下，被大家叫作"张恨水"。

■ 前排左起依次是张瑞芳、巴金、父亲，后排左起为叶明、陈西禾。

当时，父亲觉得这部戏拍得太素淡，不够浓烈。但事过24年，当人们在"文革"以后重看这部影片时，却觉得它真实地、恰如其分地再现了20世纪初封建大家庭的没落气氛，也因此对剧中人物的命运更加牵挂。这部影片重映后，赢得了比1956年初映时更热烈的反响，说明它经受住了时间的考验。

四幕八場話劇

家

巴金原著

■□ 上图：1957年，父亲在上影演员剧团排演的话剧《家》中饰演觉新
下图：2003年，父亲在明星版话剧《家》中饰演高老太爷
底图：1957年话剧《家》说明书
□■《不夜城》工作照，导演汤晓丹站在中间，左二为父亲。

  1957年，汤晓丹伯伯又找父亲演戏，请他在江南电影制片厂出品的电影《不夜城》中扮演民族资本家张伯韩。《不夜城》是著名作家柯灵创作的电影文学剧本，故事描写了从英国留学归来的民族资本家张伯韩希望工业救国，拒绝与日本人合作，惨淡经营他的工厂。新中国成立后，张伯韩经过激烈的思想斗争，最终接受公私合营的社会主义改造。全剧主要在家庭成员中展开思想交锋。

上左图：父亲（右一）早年与家人在西山打网球的合影
上右图和下图：《不夜城》剧照

《不夜城》拍完后，直至 1979 年 2 月，经由文化部批准才得见天日。我也是在那个时候看的电影，那会儿不懂时代政治背景，只觉得父亲饰演的资本家很有"派头"。之后，同类题材的电影《子夜》和电视剧《上海的早晨》与公众见面，人们还经常拿《不夜城》里的张伯韩与后两部片子中的吴荪甫、徐义德比较，可见这个人物深入人心。母亲也认为这是父亲饰演得最好的角色之一。

父亲小时候的暑假总会去祖父在西山的小别墅度过。祖父非常注重小孩子的体育锻炼，为他们修建了个网球场，父亲从小就会打网球。所以父亲在电影里打网球的动作显得很老练。

《不夜城》剧照

2021年，首部黑白转彩色4K修复故事片《永不消逝的电波》上映海报。

1958年，八一电影制片厂导演王苹来沪，把八一厂的电影剧本《永不消逝的电波》交给父亲，约父亲饰演剧中的李侠。剧本是由黄钢、杜印、东强三位作家根据上海解放前夕一些地下情报员的真实事迹，加以艺术概括编写的故事。其中最主要的素材是李白烈士的事迹。在上海外景地开始拍摄之前，王苹和父亲一起参观了李白烈士生前居住、工作以及被监禁的地方，并探望了烈士的夫人裘慧英。

父亲怀着很大的激情投入创作，在短短一个月里就学会了发报的指法。王苹导演在拍摄中敢于大胆地对父亲发电报的手以特写来表现，就是因为专业发报员看到这个镜头也挑不出任何毛病来。

由于李侠所处的环境非常复杂，他不得不经常变换身份，分别以写字先生、无线电行老板等不同的社会身份出现。这些社会身份的外部特征相互差别很大，如何通过人物不断变化的外部特征来展示人物一以贯之的内在精神，就颇费思量。父亲在拍摄前访问了当年从事"地下斗争"的一些老同志，他们一再提醒父亲："你千万小心，不要把李侠变成千面人，好像他装龙像龙，装虎像虎，一定要让人看到他本质的东西，那就是他的红色底子。党的地下工作者无论以什么样的社会身份做掩护，他们的本色都应该是正派诚实的。"这些提醒给了父亲非常重要的启发。在这部影片里，父亲涂好了李侠本该有的底色。

□■《永不消逝的电波》拍摄现场照

电影《永不消逝的电波》剧照，父亲饰演李侠，王心刚饰演姚苇，袁霞饰演何兰芬。

　　这是唯一一部我和父亲一起去影院观看由他主演的电影，记得我那时的心情是既兴奋又担心。2021年，在父亲百年诞辰之际，得益于先进的科学技术，这部红色经典影片被修复成4K彩色版再度上映。我邀请了至亲好友一起观看，以此纪念我的父亲和他那一辈的电影大家们。40多年之后，当我再次坐在影院里，看到银幕上出现由父亲扮演的李侠时，禁不住百感交集。我觉得这部20世纪50年代的谍战片一点都不过时，依然是那么吸引人。片末李侠那句"永别了，同志们，我想念你们！"，至今余音在耳……

166

上图：1958年，《永不消逝的电波》导演王苹（中排左一），主演父亲（后排左三），袁霞（前排右二）与李白烈士的夫人裘慧英（前排左二）合影。

下两图：拍摄间隙

■□ 《万紫千红总是春》剧照
□■ 1959年，父亲在话剧《共产主义凯歌》中饰演梅主任。

1959年的电影《万紫千红总是春》，是瑞芳阿姨主演的一部反映当时妇女解放的女性题材电影。父亲在电影中饰演的郑宝卿是个大男子主义者，反对太太参加工作。记得电影中郑宝卿在和太太争吵时，有个父亲脚趾头一勾，打个喷嚏的镜头，让人哈哈大笑。当时我就在想，父亲还是个不错的喜剧演员呢！

共产主义凯歌

五幕九场话剧

作剧：陈恭敏 王炼 陈西禾 罗毅白 瞿 复 桑弧 吕 导演：

上海人民艺术剧院演出

左图：《革命家庭》剧照

右两图：父亲饰演的江梅清定妆照

　　1960年拍摄的电影《革命家庭》是由夏衍根据革命老前辈陶承的回忆录《我的一家》改编的，由水华担任导演，父亲饰演江梅清，于蓝饰演女主角周莲。剧情描写大革命年代一位普通的家庭妇女周莲的成长历程。

　　在拍摄时，父亲感到最困难的是梅清逝世的一场戏。为了找寻一个最能留下深刻印象的处理办法，水华建议父亲和于蓝、张亮一起琢磨、排练，试验各种各样的方案：梅清吟诗，梅清诙谐地做手影，梅清吐血……试了两个方案之后，父亲已经有些着急了，但是望着导演那种沉着苦思的样子、仿佛此时其他一切都不存在的神情，父亲又不能不受到感动，简直觉得自己的急躁是一种犯罪。通过这样的排练，父亲感到：人物性格表现的天地是广阔的，你必须驰骋你的想象，然后从多种方案中选择一个你认为最适合的表现方式，这样才能够体现你对人物的特殊阐释和自己的创作个性。

《革命家庭》剧照

在《早春二月》中，父亲饰演肖涧秋。
上图：《早春二月》拍摄现场
下图：《早春二月》电影开拍前的报道

　　1963年的电影《早春二月》，是根据柔石的著名小说《二月》改编的。影片从小说到银幕，经历了让人意想不到的曲折，承载了太多的历史重负与苦涩。

　　故事发生在大革命前夕（1924年前后）的江南小镇。向往理想社会却一时找不到自己在潮流中的位置，青年知识分子肖涧秋应邀来到芙蓉镇学校教书，渴望通过教育实现自己的理想。在风涛起伏的旅途中，他遇到了神情绝望的文嫂（上官云珠饰），后来得知文嫂在前线牺牲的丈夫是他的老同学，遂竭尽全力照顾生活无着的文嫂及其一双儿女。

　　影片展现了肖涧秋在寻找出路过程中的苦闷、忧愁、踯躅、彷徨，与寻求真理不得而又不甘苟且偷生、随波逐流的心态。一直以来，许多电影专业评论家和观众都认为《早春二月》里的肖涧秋是我父亲演得最成功的一个角色。但父亲却不以为然，认为这个角色他拿着剧本就能进场拍。他自己更喜欢有挑战、有突破性的《渡江侦察记》中的李连长，也许是因为李连长一角从外形到内心，对父亲来说，与他本人反差更大，也就更具有吸引力吧。

《二月》开拍之前

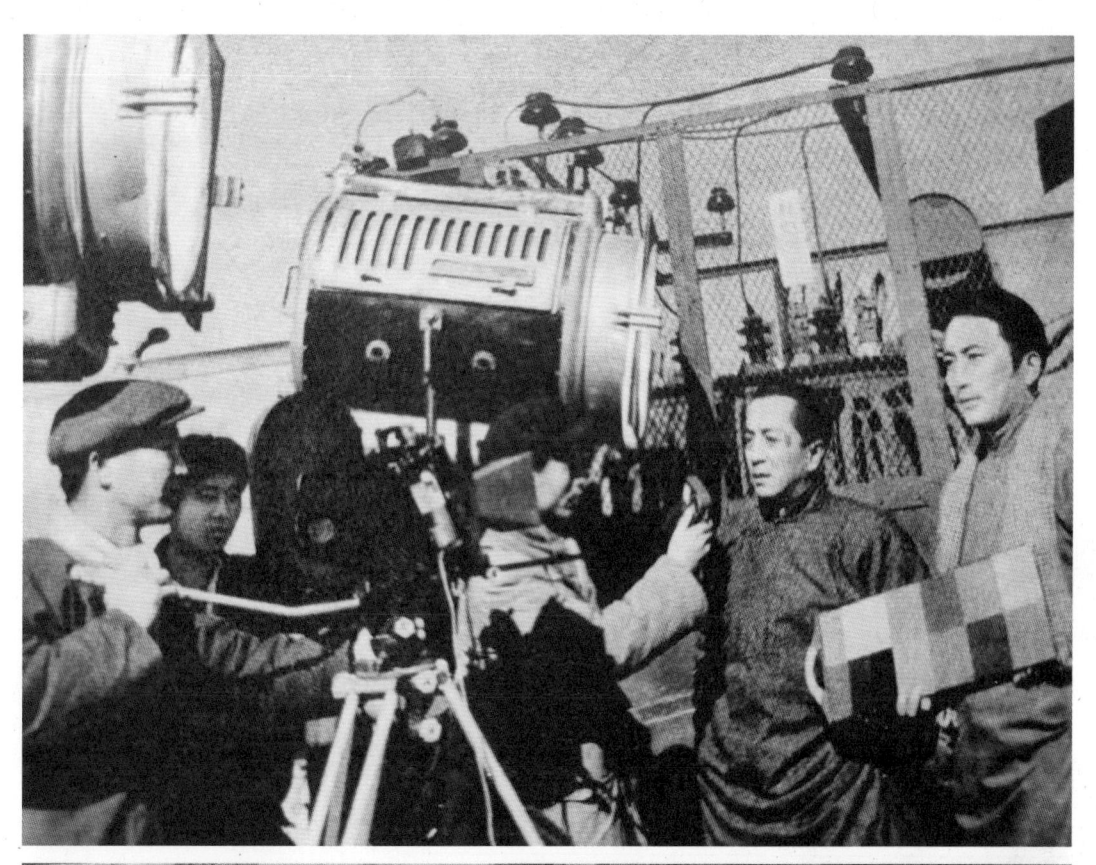

1963年，《早春二月》剧照。

精细的美工制作、抒情哀婉的背景音乐，都为影片添色不少。音乐同画面，听觉与视觉，在这里完美地结合为一体。《早春二月》后来成为专业电影教学中的经典范例。父亲多才多艺，片中这段《彷徨曲》便是他亲自弹奏的。

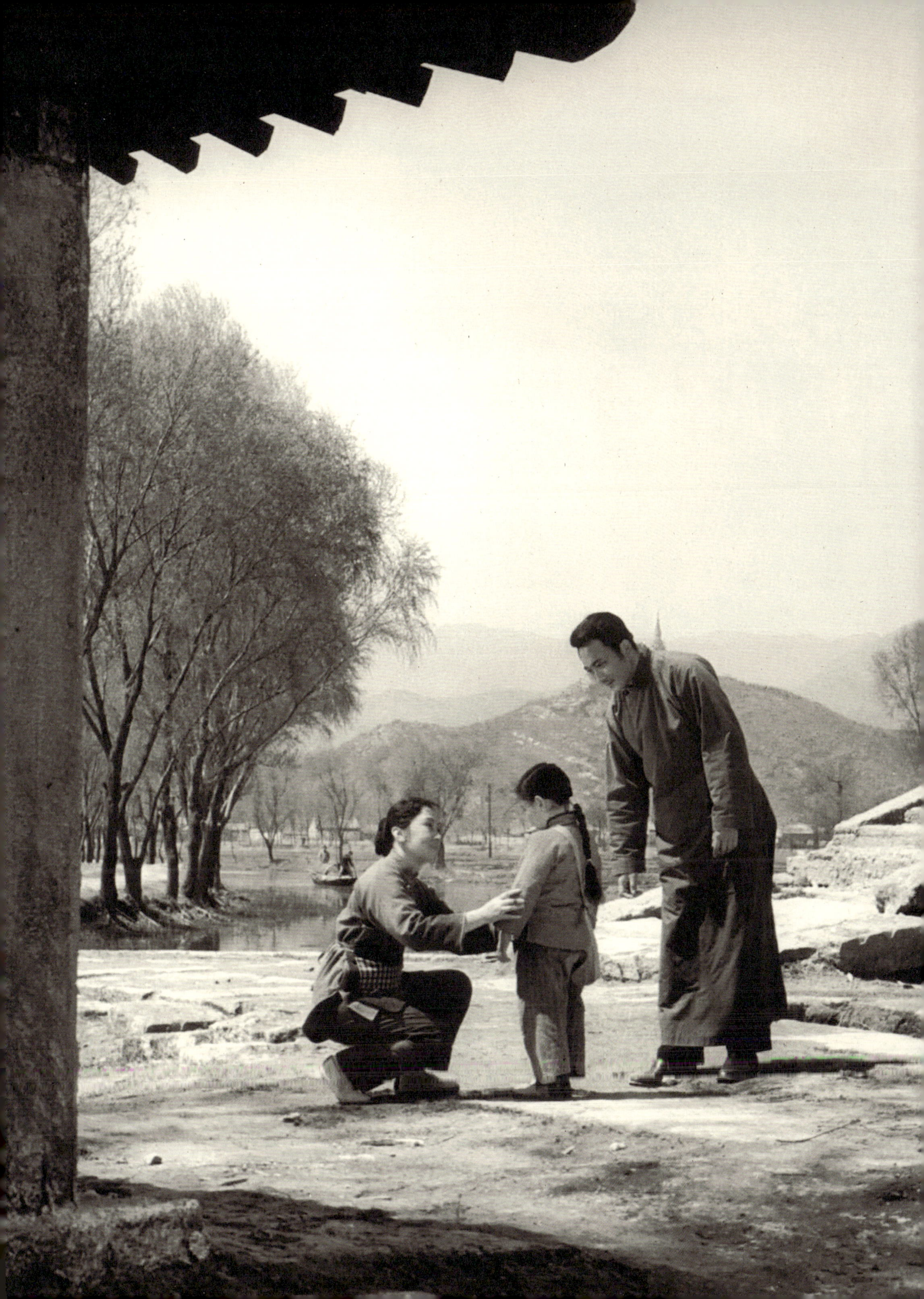

《早春二月》剧照及拍摄现场

　　《早春二月》拍完已是"文革"前夕,领导找父母谈话,说这部电影可能要挨批。母亲那时正怀着我,她担心父亲,悄悄一个人跑去衡山电影院看了一场。散场后听观众议论,似乎评价还不错,母亲这才稍稍安心。后来知道,这部片子上映就是为了批判,却不料越批越"香",社会上甚至掀起了一股"肖涧秋"旋风,灰色长衫配"肖氏围巾"风靡一时。

左图：1978年，父亲拍摄纪录片《大寨》时的工作照。
右图：1977年7月—1978年12月，父亲拍摄纪录片《大寨》。

演而优则导

　　1976年，父亲又一次做了一个华丽转身，重返影坛，回到上海电影制片厂。征得领导同意，他开始了自己的导演生涯。这一年，父亲56岁，他深谙时光的有限和艺术的无限，主动争取去山西拍摄反映大寨的艺术纪录片。父亲在黄土高坡上忙碌了一年半有余。在那里，他啃老玉米，吃贴饼子，喝小米粥，虽说生活艰难困苦，但有一种从地窖里走到阳光明媚的地面上的痛快。

　　《大寨》是父亲"文革"后拍摄的一部反映大寨的艺术纪录片，也是这部片子让父亲又多了一个身份——导演。

电影《李四光》剧照

　　完成于 1979 年的《李四光》，是父亲在"文革"后重返银幕拍摄的一部传记式影片。片中父亲饰演李四光，影片从李四光 30 岁左右拍到 80 岁，跨越了整整半个世纪，场景宏大、人物繁多，但父亲还是很好地掌握了人物的性格特征，表演真切朴实，分寸拿捏得当，感情含蓄，颇见神韵。李四光对待科学的求真、执着、缜密、谨严的态度给了父亲极大的启迪，而他晚年对待地震"战斗到最后一息"的炽热感情也深深地打动了父亲。我的祖父，还有我伯父、姑姑都是学习工科的，这使得父亲从小耳濡目染，对那些与国家共命运、为中华民族做出贡献的科学家怀着一份别样的情感。为了演好这位著名的科学家，父亲做了大量案头工作，甚至认真阅读了几百万字的地质力学著作和资料，并随剧组沿着李四光的足迹，跋山涉水，体验生活。

上图：1979年，父亲与凌子风的工作照，导演凌子风在《李四光》中饰演杨杏佛。
中图和下图：《李四光》分镜头剧本
底图：《李四光》剧本

《一盘没有下完的棋》是中日建交后两国共同编导、共同摄制，并由中日演员联合出演的第一部合拍片，它以围棋为线索，反映了中国人民在抗日战争时期的不幸遭遇。父亲出演影片的中方主角"江南棋王"况易山。这盘棋就像中日关系一样，一波三折，下得并非一帆风顺。原定的导演中村登、主演赵丹伯伯和日方制片主任先后去世，但两国的演职人员凭着坚定的信念，历时三年总算完成了这盘彰显中日友好的棋局。

该片在无锡寄畅园拍摄了"剁指拒弈"这场戏：况易山的手指被日本人明晃晃的刀尖压着，被逼迫着与被派来中国打仗的日本棋手松波对弈。此时此刻，两个人之间误会重重，况易山把松波视为不共戴天的仇人，松波近在咫尺，况易山却无法获得半句关于儿子的音讯。他望着松波，眼神里充满着不甘和怨恨，同时又交织着令人心碎的仇恨、悲愤和绝望。扮演大佐的日本演员曾说，在这段戏里，父亲眼神有三次转折，从蔑视、正视到怒视，令他深受感染，很快入戏。

□■ 《一盘没有下完的棋》在长城拍摄的工作照

　　对于同样生长在20世纪20年代初期的况易山，父亲并不陌生。过去他曾经成功扮演了那个时代的高觉新、肖涧秋等艺术角色。然而细细体味，况易山毕竟是况易山，他同逆来顺受的高觉新不一样，与受到新思潮冲击，同时又彷徨苦闷的肖涧秋也有区别。他有着朴素的爱国主义情感，立志要为自己的民族争光，可是他一心钻进了围棋领域，以为这样就可以"奋飞"起来，结果现实将他卷入时代的漩涡，由半局残棋开始了他大半辈子的悲惨命运。

《一盘没有下完的棋》东京首映式

1982年9月，在中日建交10周年之际，父亲随中方代表团赴东京参加影片首映式。

父亲希望两国人民之间的这盘棋世世代代友好地下下去。那天，父亲在赴日本拍摄外景的飞机上写下了这样的诗句："天空，感谢你随我开阔的白云，当我穿过时，围绕我以纯净的颜色。大海，感谢你频频溅起的浪花，我俯视，心头涌起无限的喜悦。感谢你，晨星，感谢你，黎明。感谢你，吹向太平洋的微风。感谢你，世界，你给了我，这么多晶莹的友情。"

上左图：1982年，《一盘没有下完的棋》在沈阳放映时的观影人数和场次统计。
上右图：《一盘没有下完的棋》电影海报
下图：《一盘没有下完的棋》讨论稿

左图：1984年，《雷雨》剧组全体工作人员合影。
右图：《雷雨》剧照，父亲饰演周朴园，顾永菲饰演繁漪。

  1984年年底，父亲迎来了他故事片导演生涯的第一个收获——执导并主演的电影《雷雨》顺利拍摄完毕。

  拍完最后一个镜头，望着工作人员在拍摄现场忙来忙去，还穿着锦缎长袍、戴着金丝眼镜、嘴上贴着一抹黑胡子的"周朴园"，累得不由得跌坐在那张高背椅上。他听见自己缓缓地吁了一口气……呵，《雷雨》，他终于为长达半个世纪的《雷雨》情结画上了一个完美的句号。

  父亲年轻时曾经是个热血的文艺青年，1934年初读《雷雨》，1938年受《雷雨》的影响，他还曾模仿它的调子写过一个独幕剧《死之屋》，可见他对《雷雨》的喜爱。《雷雨》还是父亲戏剧人生的开端。大学时，宗江伯伯邀请父亲在燕京剧社的《雷雨》中扮演周冲，虽然因毫无表演经验而以失败告终，却为父亲打开了一扇艺术之门。

上图：《雷雨》剧本
下图：父亲和曹禺讨论剧本

父亲在一次讲课时提道："《雷雨》的线索很多，拍摄电影必须减头绪、立主脑，是否可以抓住一条主线？如曹禺同志自己说过，繁漪是最'雷雨'式的人物，是否就抓住这个人物来做文章，舍弃其他线索？我没这样做。一方面我估计这样做很困难，把原著改得太大，很难达到效果；另一方面，因为对此名剧社会上已经有了相对固定的欣赏习惯，而改动太多，也不符合观众的要求与期待。"

父亲决定大体上还是保持话剧剧本原作的结构，但是要删节一些次要内容。

他花了十多天细读了曹禺的剧本，还绘制了一张巨大的画有全剧冲突发展线及各支线的图表，贴在自己的书房里。

《雷雨》剧照，父亲饰演周朴园。

□■《雷雨》拍摄工作照

左图：《非常大总统》定妆照
右图：拍摄期间的化妆照

　　《非常大总统》是继《雷雨》之后，父亲自编自导自演的第二部影片。该片描述的是孙中山先生1921年至1922年间的斗争生活。很凑巧，父亲是1921年出生的，在父亲的童年和青少年时期，就听到过许多有关孙中山先生的动人故事。1986年，影片作为孙中山诞辰120周年献礼片上映。多少年后，冥冥之中，父亲落葬在上海宋庆龄陵园。在他墓碑上刻着的生平简历中，我特意加了这样一句话："他执导了表现孙中山先生革命活动的影片《非常大总统》，并主演孙中山先生。"

上图:《非常大总统》分镜头剧本
下图: 父亲在修改《非常大总统》剧本

《非常大总统》剧照

左两图和右上图:《非常大总统》剧照
右下图:《非常大总统》电影海报

　　父亲作为编剧之一,和另一位编剧叶丹先后奔波于广东、广西、北京等地的大学和历史研究所,参阅了大量资料,连国外出版的珍贵文献也悉心研读。在研读了大批专著的基础上,他们沿着孙中山先生的足迹,到广州、惠州、韶关、中山翠亨村等地实地采访,又沿着当年"永丰舰"的航线,访问至今还健在的孙中山先生的警卫和部下,最后八易其稿才写成了剧本。

　　剧本选择了孙中山先生"广州蒙难"——处理陈炯明叛变这一段历史为核心事件,这是因为这段历史最能突出孙中山先生的革命情操。

　　《非常大总统》这部影片的场景是繁多的。为了真实地再现那一时代的环境和气氛,演员们曾先后到洛阳、广州、桂林、赣州、南京、上海等地进行拍摄。所到之处当地领导人和各界人士都以极其真挚的情感来协助拍摄工作。

编剧：肖复兴
导演：孙道临
摄影：瞿家振
美术：梅坤平
作曲：杨 丞
主要演员：郑振瑶 邢岷山
　　　　　金振武

　　1991年，父亲拍了《继母》，电影改编自肖复兴的长篇散文《母亲》。父亲对自己的母亲有着很深厚的感情，祖母在"文革"中因惊吓离世让他一直心怀歉疚。他要拍这样一部影片，不光是想拍母爱，更是想还一笔人情债，让人们感到真情和亲情对于这个世界是多么重要。

　　《继母》首映式那天晚上冷雨飘飞，父亲不想影响观众，静静地坐在最后一排。在影片放映过程中，他听到了观众的唏嘘声。当影片结束在一片枯枝与一片葱茏的绿树之中时，父亲禁不住泪光盈盈。灯光随着剧终亮了。父亲走近一个女孩，女孩年仅6岁，她揉着红红的眼睛告诉孙道临："爷爷，我看这电影看哭了！"

（立体声、普通声）故事片

■□ 父亲在《继母》首映式上
　　底图:《继母》电影海报

□■ 上图:《庵堂认母》现场工作照,左一为越剧尹派小生赵志刚。
　　下图:《孟丽君》拍摄期间的工作照

帮母亲圆梦

　　1991年,父亲担任《王文娟艺术集锦》艺术指导,王洁阿姨担任导演。

　　1996年,父亲又亲自担任越剧十集电视剧《孟丽君》总导演。母亲在20世纪80年代初演这部戏时,一遍又一遍地读这本原著,竟像着了迷。从此,她经常对父亲讲,一定要根据原著再编一部电视连续剧。她的话吸引了父亲,他也跟着读了这厚厚的两本原著。

　　拍这部剧时,母亲已经70岁了,父亲请来著名化妆师毛戈平替母亲做造型。这张工作照(下图)一直挂在他公司的办公室里,父亲不无自豪地对人说:"这是给我孙女儿拍片呢。"

左图：《詹天佑》分镜头剧本
中图和右图：《走近詹天佑》手稿

2000年是詹天佑诞生140周年，父亲导演的历史故事片《詹天佑》在全国热映。

电影正式投入拍摄是1998年，其实父亲跟这个题材接触已很久了。剧本构想以詹天佑科学报国、向列强争回中国的铁路主权为经线，以国家政局动荡、詹天佑的科学报国行动频遭国内外黑暗势力的破坏为纬线，在广阔的时空领域塑造詹天佑的丰满性格。在艺术上，该片以传统的现实主义为主，适当吸收现代电影的若干元素，力求叙事风格本土化。

左图：《詹天佑》拍摄期间的工作照，左一为詹天佑扮演者冯淳超。
右图：《詹天佑》拍摄现场，穿米色大衣的是父亲。

  我的祖父曾经留学比利时。带着科学救国的梦想，祖父选择了专修土木工程中的铁路工程，回国后又在铁道部工作，所以父亲一直有一个铁路情结。他8岁时就曾与宗江伯伯一起爬上八达岭青龙桥——詹天佑就是在那儿设计了一段闻名世界的"之"字形铁路。为了拍这部片子，80岁的父亲亲自沿着京张铁路走了一回，还去了海参崴（符拉迪沃斯托克）。他从那儿带回给外孙、外孙女的俄罗斯套娃，至今还放在我家的纪念柜里。父亲曾经讲过为何要拍这部电影："一看到他的精神，你就不能没有热情，除非你没有感情。我们必须歌颂詹天佑这样的人，他们一心报国，总希望为我们的国家、为我们的民族做点事情。我们电影人有责任去歌颂这样的人物……"

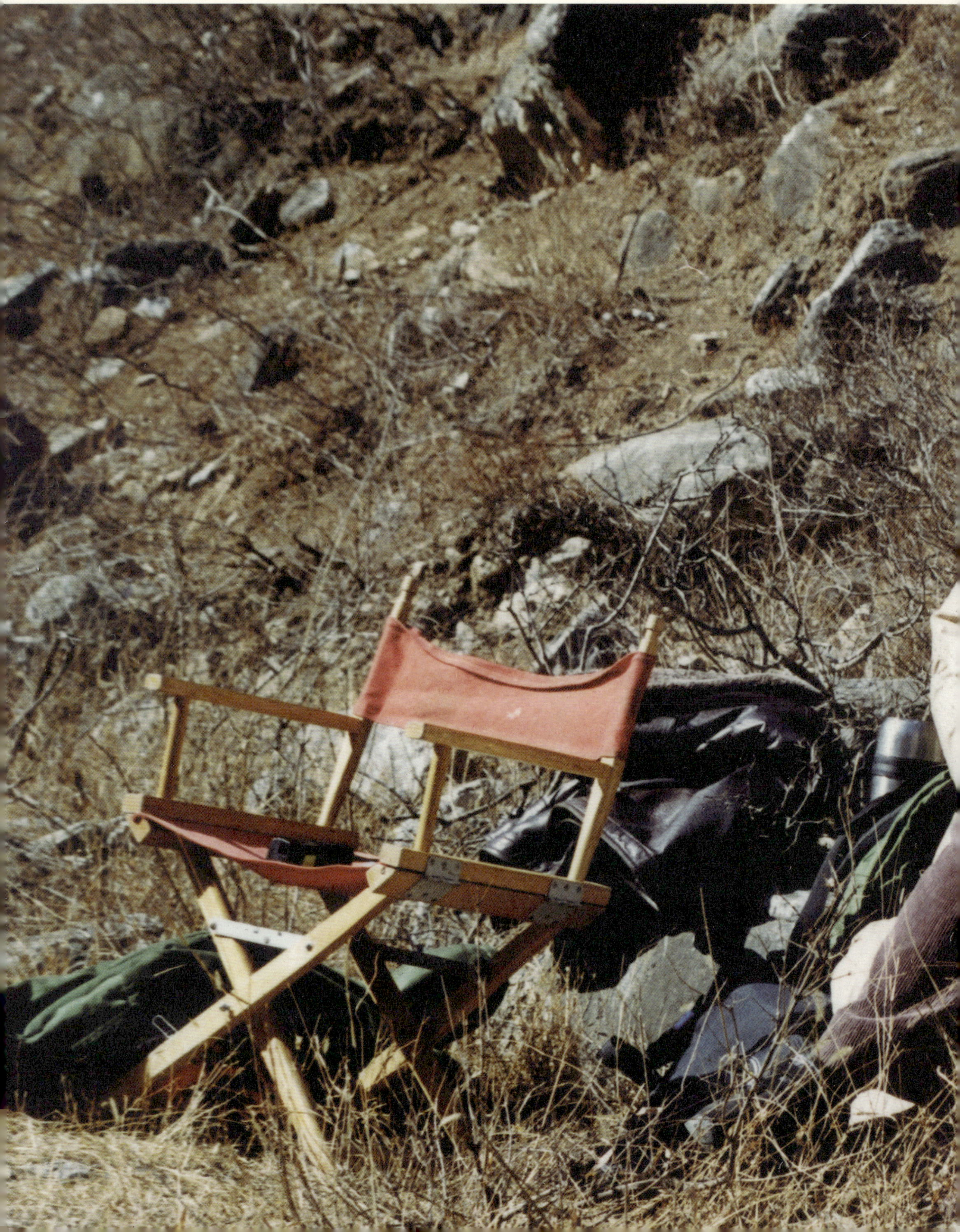

父亲在《詹天佑》拍摄现场小憩

光影四十载

左上图：父亲身穿深色西装喜气洋洋地出现在台上，他的身旁站着身穿大红丝绒旗袍的母亲。
左下图：父亲在四十年系列活动中发言
右上图：大光明电影院现场照
右下图：大媒宗江伯伯和父亲、母亲

　　1989年4月25日，"孙道临电影生涯四十年"系列活动在上海大光明电影院揭幕，老一辈电影艺术家，曾经与父亲有过合作的同行，京沪电影界、文艺界的知名人士，以及千余名观众欢聚一堂，和父亲一起度过他艺术生涯中这个辉煌的时刻。那时我已经出国留学，母亲陪同父亲出席了在上海、嘉善、广州举行的全部活动。

200

上图：母亲问："道临，侬今天开心伐？"父亲和母亲正准备出发去"孙道临电影生涯四十年"活动现场。

下左图：广州活动现场，左一为诗人白桦。

下右图：在嘉善举行的"孙道临艺术研讨会"上

上图：父亲为纪念中国电影诞生100周年题字
下图：父亲参加中国电影诞生100周年大会的合影，前排左起依次为顾也鲁、父亲、张瑞芳。

2005年12月，父亲参加纪念中国电影诞生100周年大会，被授予"国家有突出贡献电影艺术家"的称号。

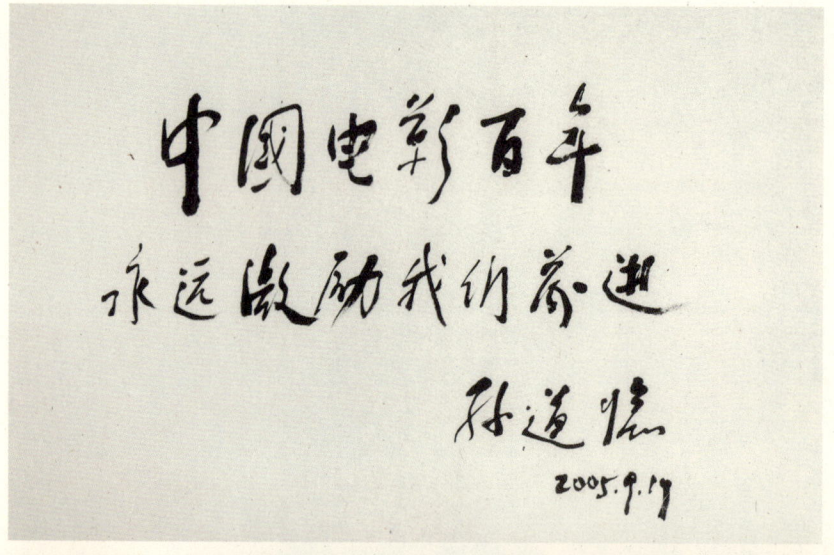

左图：1983年，应美国新闻总署邀请，父亲赴美考察美国电影潮流。
中图：1983年，父亲在美国纽约。
右图：1981年，父亲在法国巴黎凯旋门。

中国电影的传播者

　　20世纪八九十年代的父亲无疑是非常忙碌的。作为改革开放后的第一批文化交流使者，他奔波在世界各地，参加各种国际电影节和文化交流，向世界展示了中国电影艺术的魅力。

　　这段时期，父亲出访的国家以及参加的电影节有：1981年，赴法国进行文化交流；1983年，赴美国考察；1984、1985、1994年三访新加坡；1987年，担任加拿大蒙特利尔国际电影节评委；1987年，担任美国夏威夷国际电影节评委；1994年，参加埃及国际电影节。

■ 上图：1985年，中国电影明星代表团访问新加坡，父亲为团长（右一）。右三至右六依次为王馥荔、刘晓庆、潘虹、龚雪。
下左图：1984年，父亲访问新加坡时，与新加坡友人在一起。
下右图：1983年，父亲与中国留学生在美国纽约。
底图：各国对父亲的访问报道

上图：1987年，父亲担任加拿大蒙特利尔国际电影节评委。

中图：1987年，父亲担任美国夏威夷国际电影节评委。

下左图：1994年，父亲在埃及金字塔前的留影。

下右图：1994年，父亲代表上海电影界参加埃及国际电影节与工作人员的合影。右一为江平。

上两图：当地有关《马可·百万》的报道和父亲演出时的报名照
下图：1999年7月，我和解鸣第一次带着儿子凯闻去旧金山，我们特意在旧金山艺术剧院门口拍照留念。

1988年9月，父亲应旧金山艺术剧院的邀请，为纪念美国剧作家尤金·奥尼尔诞辰100周年，在其话剧《马可·百万》中担任元朝皇帝忽必烈一角。在当时，中国演员用英语在美国与美国艺术家同台演出，父亲是第一人。演出持续了两个月，共计35场。该剧说的是马可·波罗到中国的故事，但内容大部分却是奥尼尔想象的产物。剧中的马可·波罗是个财迷，到了元帝国竟爱上了元世祖忽必烈的外孙女。

为了进一步了解奥尼尔的心态，父亲访问了坐落在丹维尔的奥尼尔故居"大道别墅"。父亲在奥尼尔幽暗的书房里、在窗外秋风萧瑟的山丘上待了很久。他思考着奥尼尔晚年孤寂的状态，对此剧的内涵体会就更深了。他感到《马可·百万》不是一部发思古之幽情的历史剧，而是一部寓意深远的现代剧。它渗透着一代大师对人世痛彻肺腑的哀怨。

有了这样的体验，父亲的演出渐趋佳境。他在表演最后一场戏——忽必烈哭库卡钦时，声泪俱下，倾吐出一种铭刻着人生哲理的悲悼。

206

《马可·百万》剧照,父亲饰演元朝皇帝忽必烈。

　　父亲饰演的忽必烈皇帝粗犷豪放,和他以往的表演风格截然不同,获得了导演和同行的赞赏。父亲却调侃道:"我这个演员本来是李斯廉郝华型的,真弄不懂,怎么被你们变成华莱士比雷了!"(李斯廉郝华是电影《飘》中阿希礼的扮演者,以饰演优雅的知识分子著称,同时期的华莱士比雷则是以饰演粗野的莽汉闻名。)父亲心里其实是得意的,作为演员总是喜欢不断突破和挑战自己。

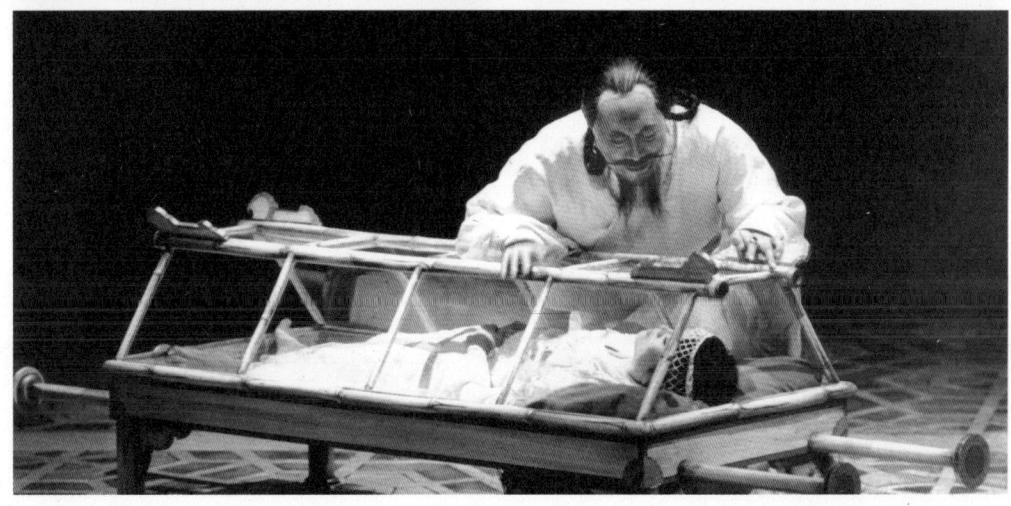

上图：《马可·百万》剧照，照片中的题字为剧中饰演忽必烈孙女的小演员所写。
下图：排练现场
父亲在剧场后台

  首场演出时，父亲在化妆间惊奇地发现了许多礼物：桌上摆着水果和鲜花，还有一些小小的纪念品，如一张画着脸谱的纸扇，一个寸把高的小蜡人，一件T恤……导演乔伊卡琳送的纪念品则是一部父亲非常希望得到的《忽必烈汗传》！
  更珍贵的是那些语言滚烫的信件。其中，有70多岁演罗马大主教的威廉·派特逊的，有年方12岁演忽必烈孙女的阿吉扎的，有演马可·波罗的丹·瑞卡特的，也有演元朝大臣的兰道尔金的……小阿吉扎的礼物最"调皮"：万圣节将到，她按传统送来一个拳头大小的南瓜，上面刻着"祝你摔断腿"的字样。
  父亲在那里演了三个月，和同台演员们结下了深厚的友情。

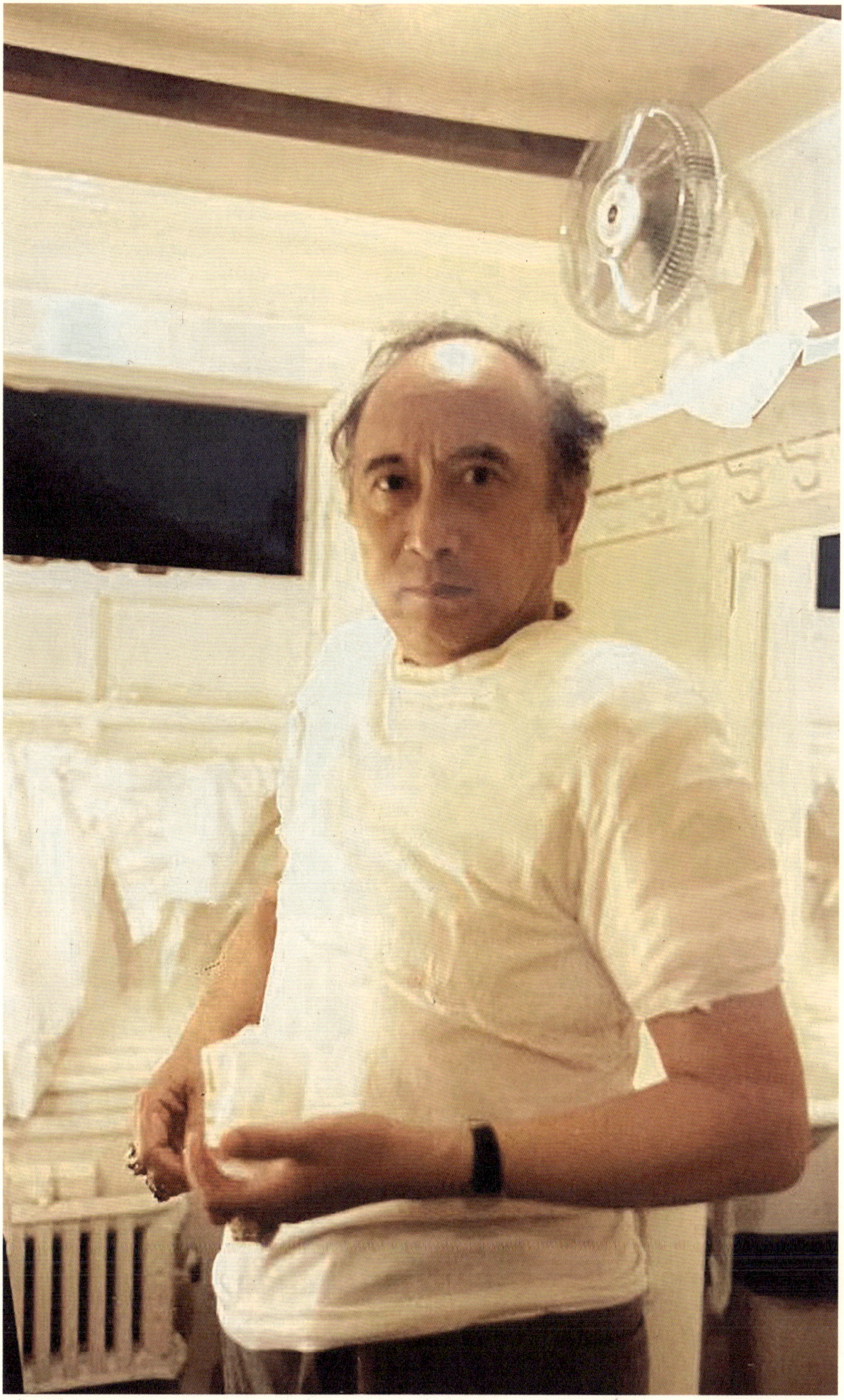

父亲参加第一届上海国际电影节

左图：父亲参加第一届上海国际电影节穿过的白色西装，现在收藏于上海电影博物馆。
右图：父亲参加第一届上海国际电影节

"我姓孙，在英文中'SUN'就是'太阳'的意思，而这也是一个阳光初现、朝气蓬勃的电影节……"1993年，父亲担任首届上海国际电影节主持人时这么介绍自己。

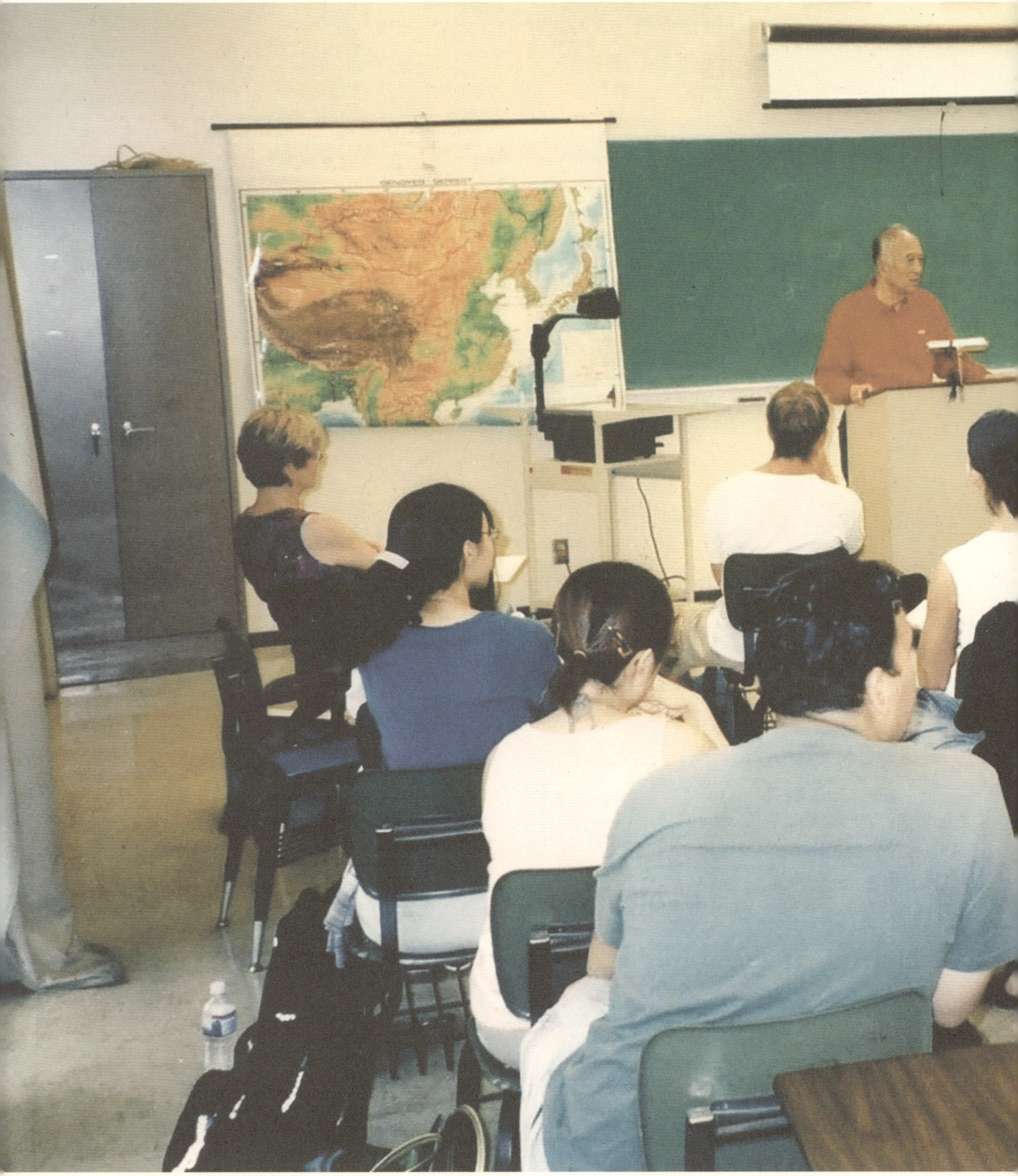

2003年，父亲在美国韦伯斯特大学用英语主讲"20世纪50年代至60年代的中国电影"。

孙道临的译制片导演、翻译与配音简目

1. 译制片导演

1953年：《钦差大臣》（舞台艺术片）

1975年：《美人计》《春闺泪痕》《苏伊士》《同是天涯沦落人》《农家女》《琼宫恨史》

1976年：《狄克·杜尔平》《猩猩征服世界》《琴台三凤》《醒目狗救主擒凶》《街警》《比男人更凶残》

2. 译制片翻译

1975年：《春闺泪痕》、《同是天涯沦落人》、《比男人更凶残》、《农家女》、《琼宫恨史》、《孤星泪》（与叶琼合作）、《苏伊士》（与叶琼合作）、《春闺怨》

1976年：《狄克·杜尔平》、《猩猩征服世界》、《琴台三凤》、《醒目狗救主擒凶》、《街警》、《碧云天》（与赵国华合作）

3. 译制片配音

1951年：《钢铁是怎样炼成的》——朱赫来、《列宁在1918》——捷尔任斯基、《无罪的人》——聂兹纳莫夫

1952年：《和平一定在全世界胜利》（纪录片）——旁白、《一寸土》——高涉·约什卡

1955年：《罗密欧与朱丽叶》（艺术片）——旁白

1958年：《王子复仇记》——哈姆雷特

1959年：《白痴》——梅诗金公爵

1975年：《琼宫恨史》——旁白、《鸳梦重温》——旁白、《孤星泪》——常华尚、《美人计》——来客、《苏伊士》——苏伊士

1976年：《梅亚林》——鲁道夫亲王、《比男人更凶残》——旁白、《基督山伯爵》——爱德蒙·唐泰斯、《绑架》——罗林斯、《美凤夺鸾》——麦克斯维尔、《沉默的人》——旁白、《坎贝尔王国》——小坎贝尔

1987年：《战争与和平》——旁白

第二章 语言艺术

有很多朋友喜欢我父亲的配音表演，认为尽管他的专业是影视表演，但在配音这个"副业"领域也颇具造诣，甚至某些作品可称得上"教科书"级别。我觉得这一方面有赖于父亲本身富有表现力的嗓音，另一方面，丰富的内心世界和表演经历也使他尤能掌握所配音人物的命运与情感，从而渗透在转译而来的台词中，凸现出他配音艺术的独特魅力。

父亲不单能配音、做导演，由于扎实的英文底子，他还能胜任翻译。

"活着,还是不活?这是个问题。"

□底图：父亲抄录《王子复仇记》台词的手迹

　　这是1958年父亲在为《王子复仇记》配音时，记者抓拍下的照片。也就是从这部译制片开始，父亲的那句"活着，还是不活"和莎士比亚的"to be, or not to be"一样，让观众记忆深刻，而那一整段哈姆雷特关于生死的人性反思和生命诘问也成了中国配音史上的惊艳段落。

上图：父亲在电台录音，左起依次是毕克、父亲、李梓。

中图和下图：父亲在电台录音时的工作照

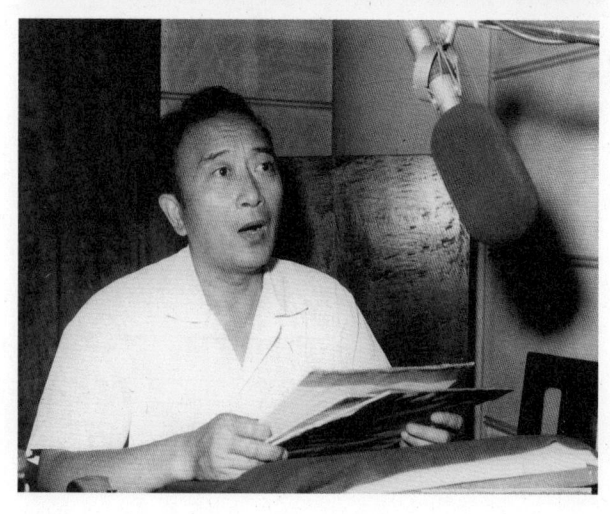

20 世纪 90 年代，父亲在录制广播剧。

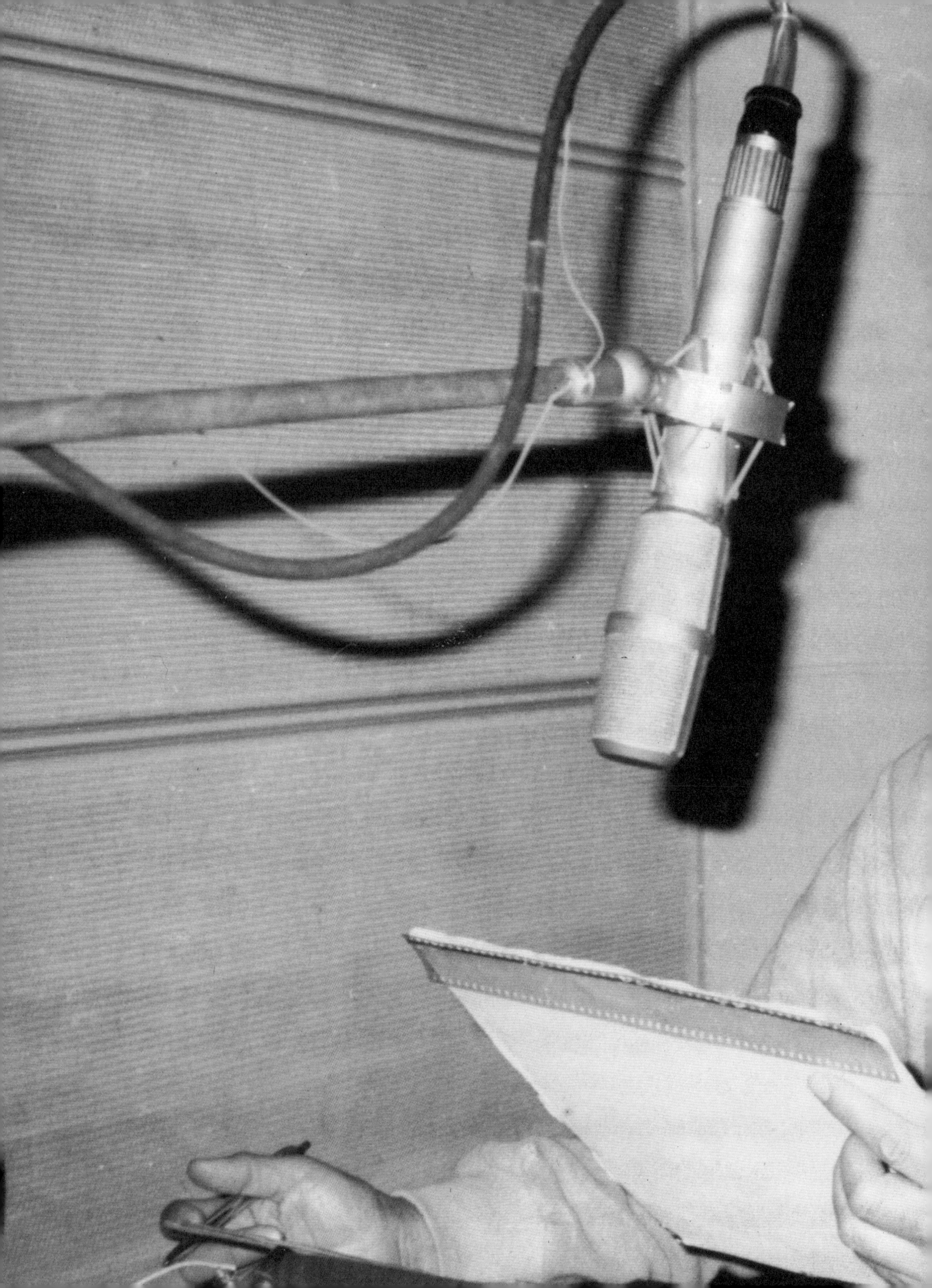

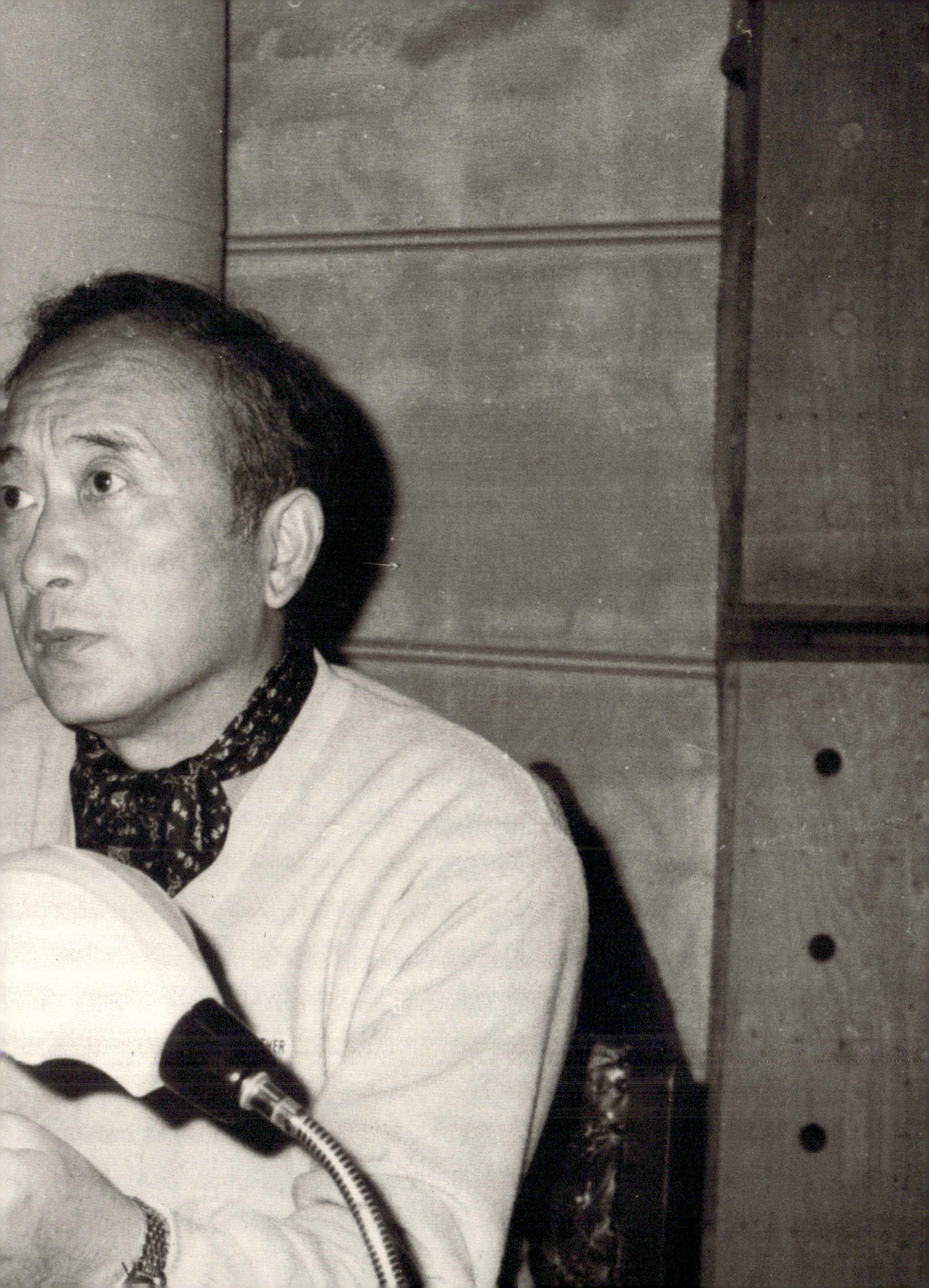

■ 上图：20世纪80年代初，法国影星阿兰·德龙参观上海电影译制片厂。前排左起依次是丁建华、杨成纯、父亲、阿兰·德龙、童自荣。中排左起依次是吴鲁生、季兴根、狄菲菲、孙渝烽、程玉珠、顾加全、杨文元。后排左起依次是沈晓谦、任伟、盖文源（童自荣后面露半个脸的是乔榛）。

下图：父亲在上海电影译制片厂录《战争与和平》旁白，右为曹雷。

右图：2004年，上海图书馆朗诵团成立时父亲写的贺词。

> 让朗诵艺术更深地在我
> 们的土壤上扎根，它但可以陶
> 冶我们的性情，培养我们
> 美的修养，而且可以有助于我
> 国精神文明建设、文化水平
> 的提高。
>
> 孙道临
> 2004. 6. 20

□ 1999年2月，父亲在北京音乐厅参加"中国唐宋名篇音乐朗诵会"。

钟情于朗诵

如果说配音是"用声音塑造人物"，那么朗诵大抵就是调动所有的语言因素，用音色、节奏、力度来诠释情感了。古典诗歌的抒情性远胜于叙述性。父亲恰到好处，又不失酣畅淋漓地将自己作为演员的激情灌注其间，努力向观众传递出《琵琶行》《兵车行》等名作所具有的那份亘古恒久的震撼力量。

青年时期的父亲爱诗，写过并发表过一些小诗。诗人吴兴华曾经说过：我说的不多不少只是以亮是一个天生来的诗人，至于天生来诗人是很少的，那怨不了我，我又不是造物主，我告诉他们以亮对一切想象文学天生来的适应性，是连我自己也不见得定能胜过的。他可以很灵活的运用他的才能，使之行即行，止即止。（摘录于《风吹在水上：致宋淇书信集》）然而，那时父亲认为诗只宜于写在纸上，盘旋在心里，诗是不宜于大声朗诵的，所谓"一说便俗"。解放后，父亲开始在公众面前朗诵了，朗诵的第一首诗，便是《黄河大合唱》中的"黄河之水天上来"。父亲说："诗，不再只是环流于心底的孤独的潜流，她插上了声音的翅膀，飞向听众，引起交叉共鸣和回响。她沟通千万的心灵，共同融入一个时代的感情巨流之中。比起演戏来，朗诵需要和观众更直接的交流和相互感应，因而具有一种特殊的吸引力、煽动力。"

为了体会中国古典诗词的妙处，父亲年轻时就背诵了大量的古典诗词。对中国古典文史和对西方文学、哲学均稔熟于心的他，筛选一批唐宋古典名篇和部分现代作品，先精心揣摩，然后与各地的学者、诗人和艺术家交流，像当年塑造电影人物那样精心打造朗诵节目。朗诵也已成了父亲陶冶性情、增加审美修养的高尚活动。一直到80多岁高龄，父亲仍不断在各种场合进行朗诵，参加北京驱动传媒组织的"唐宋名篇剧组"，宣传中国的古典诗词和语言文化，传播中国优美的语言艺术。

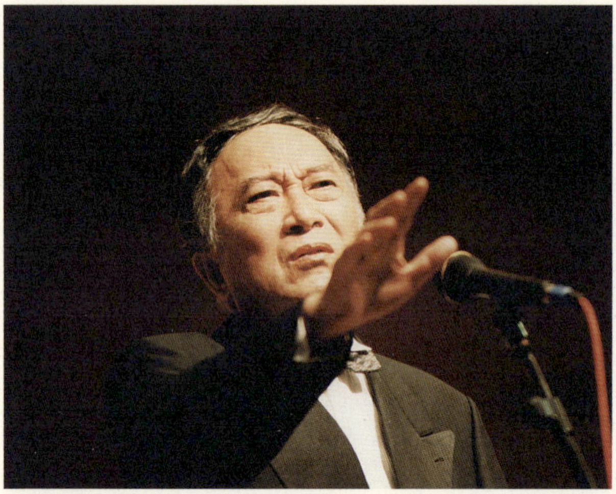

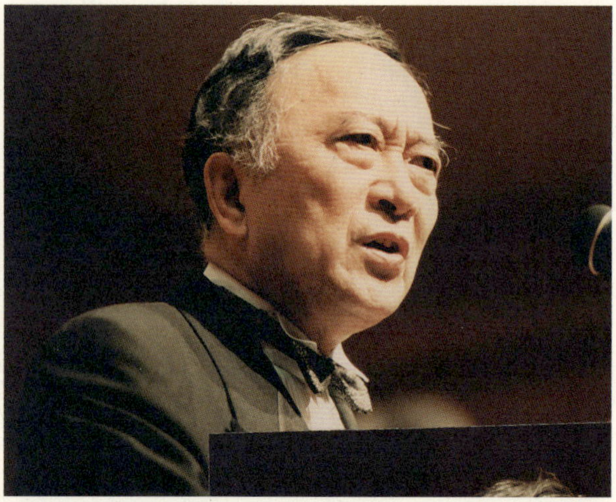

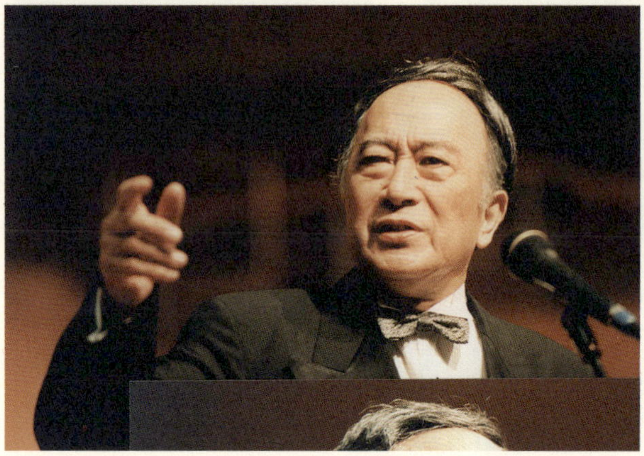

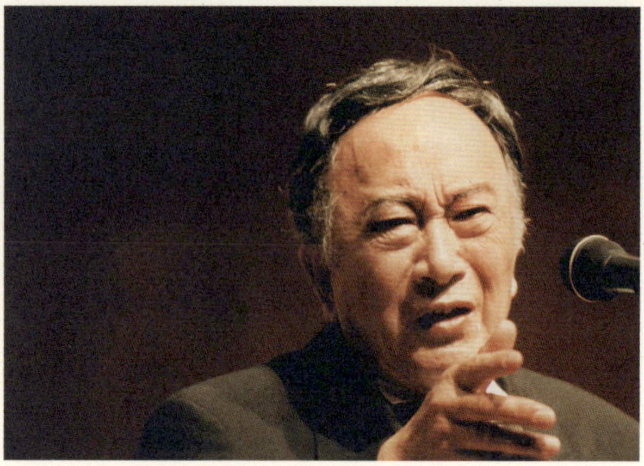

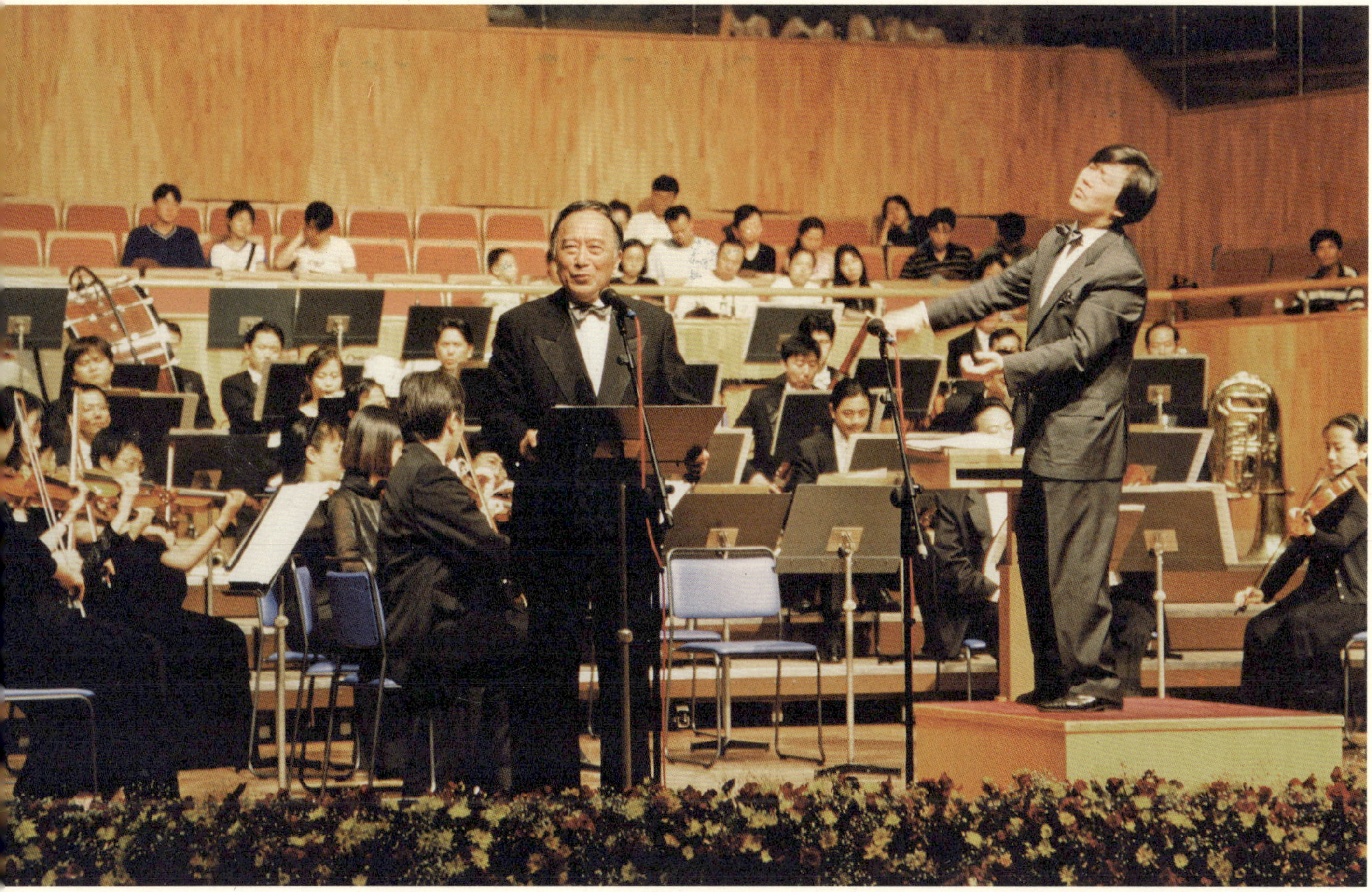

1999年2月20日晚,《北京青年报》与北京音乐厅在位于西城区北新华街的北京音乐厅内共同举办了"中国唐宋名篇音乐朗诵会"。父亲气宇轩昂地出场了,一个77岁的老人,腰板仍然挺得直直的。穿着白色的衬衣,黑色的燕尾服,脸上神情肃穆。他念道:"浔阳江头夜送客,枫叶荻花秋瑟瑟。主人下马客在船,举酒欲饮无管弦……"

听得出,声音蕴含着岁月的沧桑和年轮,带着斑驳的人生况味。父亲以自己对长诗透彻骨髓的理解,在朗诵时打破陈规,在长诗的每个段落处用复沓的方式做了强调,在重点语句处做了重复处理。

□ 父亲和曹可凡在录音现场

2000年，父亲参与录制了《银汉神韵——唐诗宋词经典吟诵》。这套有声读物的策划者是著名节目主持人曹可凡和华东师范大学语言学教授王群。说起这段和父亲的共事经历，两人记忆犹新。

可凡回忆道："在整个录音过程中，你的父亲动了真情。《钗头凤》这首词的朗诵，我们一般是录完之后配音乐，他要求现场配，而且不是放的录音，我们请了音乐学院的一位古琴专家林教授，到现场来即兴伴奏。当时录了好几遍，每一遍的音乐都不一样。你的父亲说，他就要在音乐的这种刺激下让自己更好地进入词本身的境界。记得每一遍念完他都会号啕大哭，完全把自己搁在这个词里头了。"

王群教授回忆父亲在录李白的《将进酒》这首诗时，他的处理方式和别人是不一样的。李白的这首诗写得夸张，一般人朗诵时都会往大气磅礴的风格上走，而父亲念得相对比较内敛和平静。尤其是开头两句"黄河之水天上来，奔流到海不复回"，父亲对他解释说，这两句不是真正在描写黄河之水的气势，诗里有种手法叫比兴，这两句其实体现了李白潇洒豁达的人生态度，所以不能念得太大声。

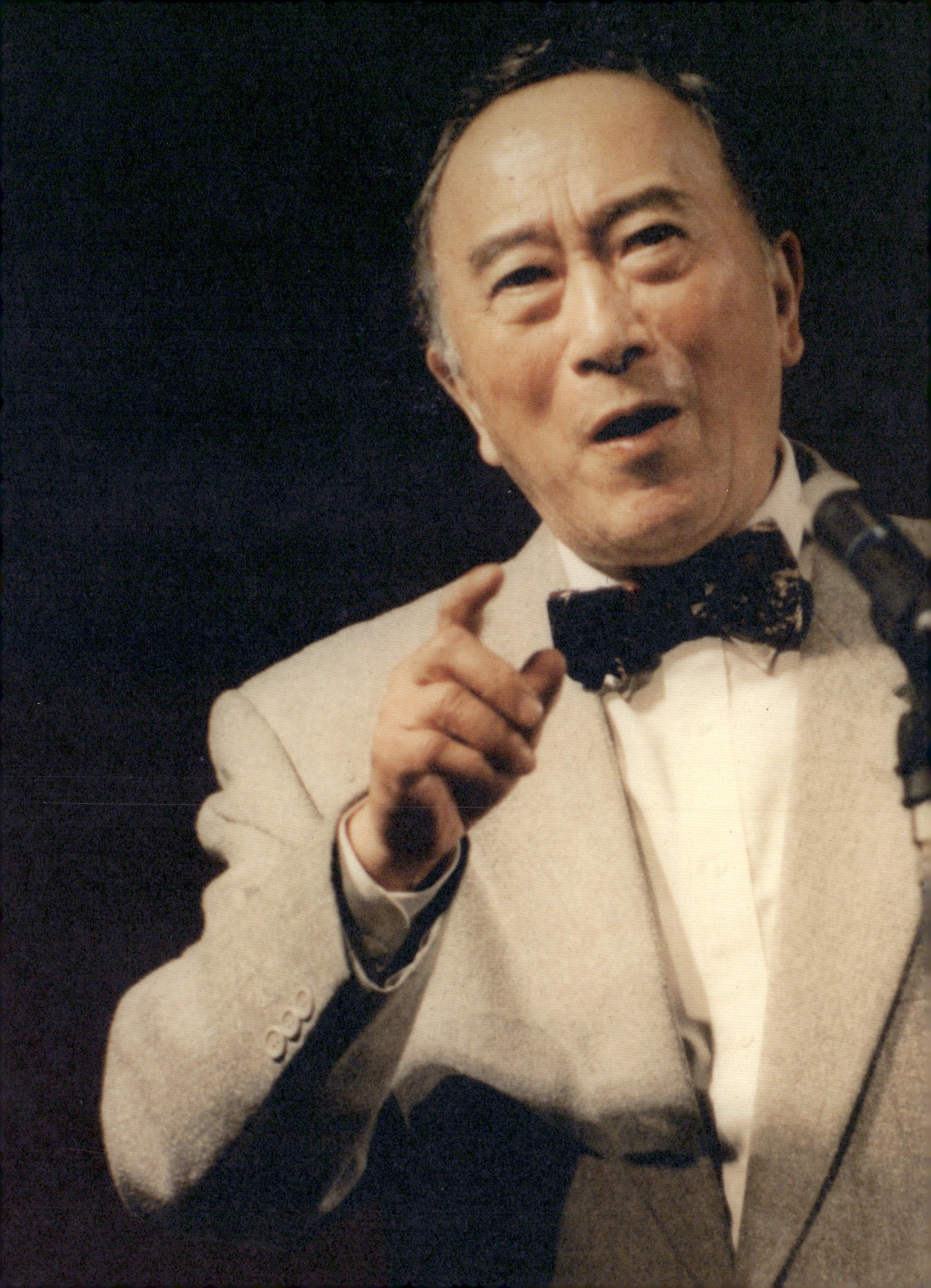

父亲在上海民族乐团古诗采韵音乐会上朗诵《琵琶行》

父亲1976年在拍摄纪录片
《大寨》时写下的诗《赤子之心》
右图：《赤子之心》手稿

赤子之心

天真之情，赤子之心啊，请不要把我舍弃，

我是如此执拗，要把你紧紧拥抱。

任山洪把绿色的村庄埋葬，

任霹雳把茂密的森林燃烧，

任世界成为一片硝烟火海，

任魔鬼不断向我投掷尖刀。

天真之情，赤子之心啊，你不会把我舍弃，

不会任我像失却灵魂的尸体，

沉向海底，陷入黑色的波涛；

不会让我幻化作寒冷的陨石，

在太空中无穷尽地降落、浮飘！

我呼唤你，穿过颤栗的雨滴，密集的风雹，

巨石滚坠，山谷成灰，悬崖倾倒，

恐龙成为化石，鲸像融入地下的油嘲。

我的歌声永不黯淡，永不停歇，

我呼唤你，用全部纯真、全部思念，

天真之情，赤子之心啊，我不能将你失掉！

第二篇 母亲王文娟的越剧生涯

第一章　舞台春秋

　　"阿姐老师"

　　领衔"同孚"

　　"皇后"的"双头牌"

　　与"尹皇"在"兰心"

　　入"玉兰"进"明星"

　　"姐妹班"

　　参军北上

　　编入"上越"

　　常青树

第二章　"性格演员"

　　一人千面

　　经典回放

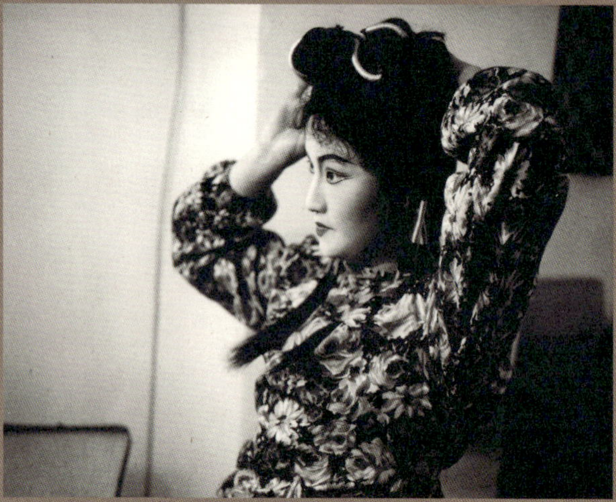

第一章　舞台春秋

作为演员，母亲被观众叹为天赋异禀、悟性奇佳，她一生获得了很多荣誉和称号。我整理着她的遗物、她的相册，仿佛在梳理母亲的岁月，我看到了在那些荣耀的背后，是母亲对越剧事业的热情和付出的艰辛努力。

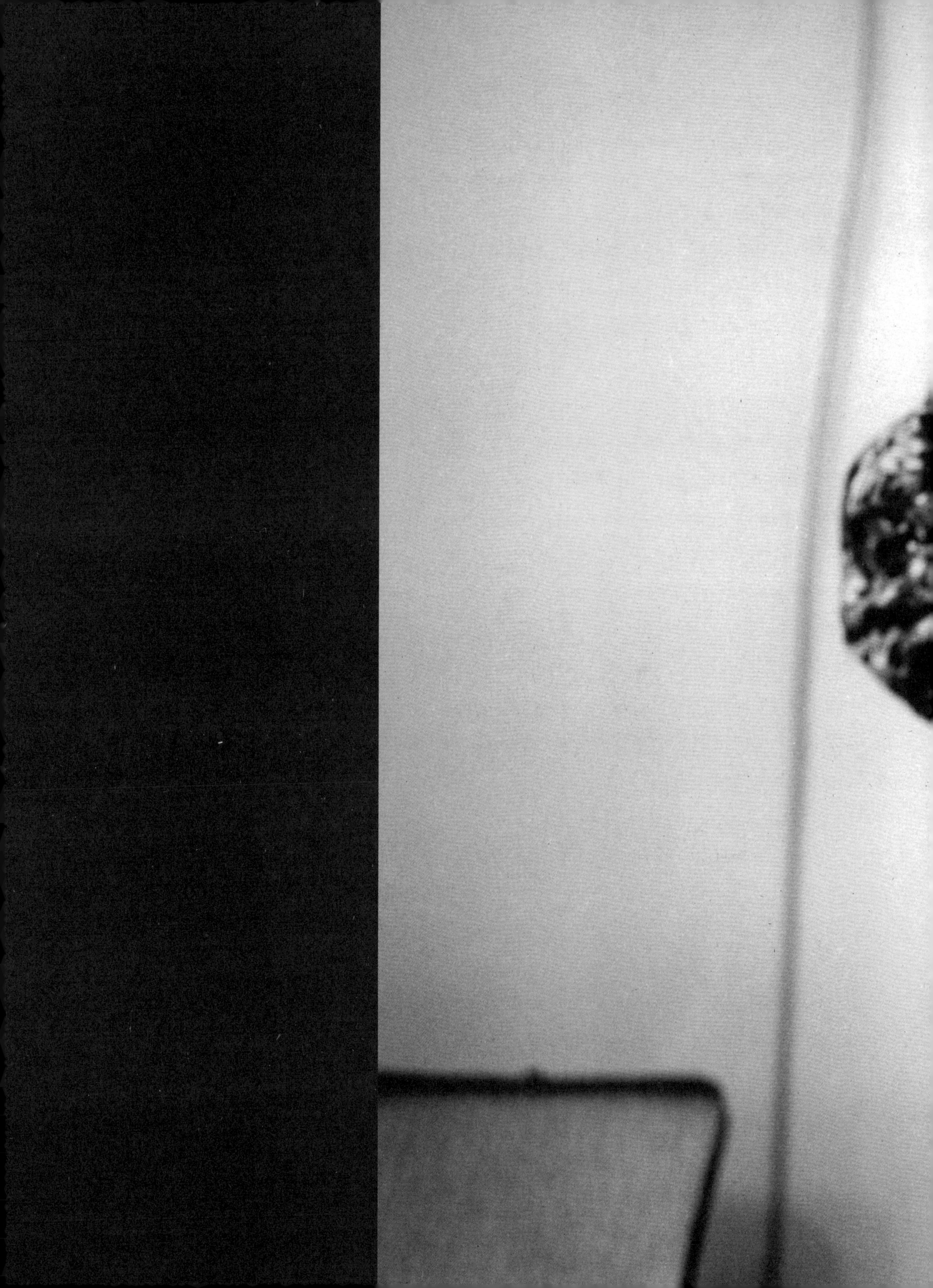

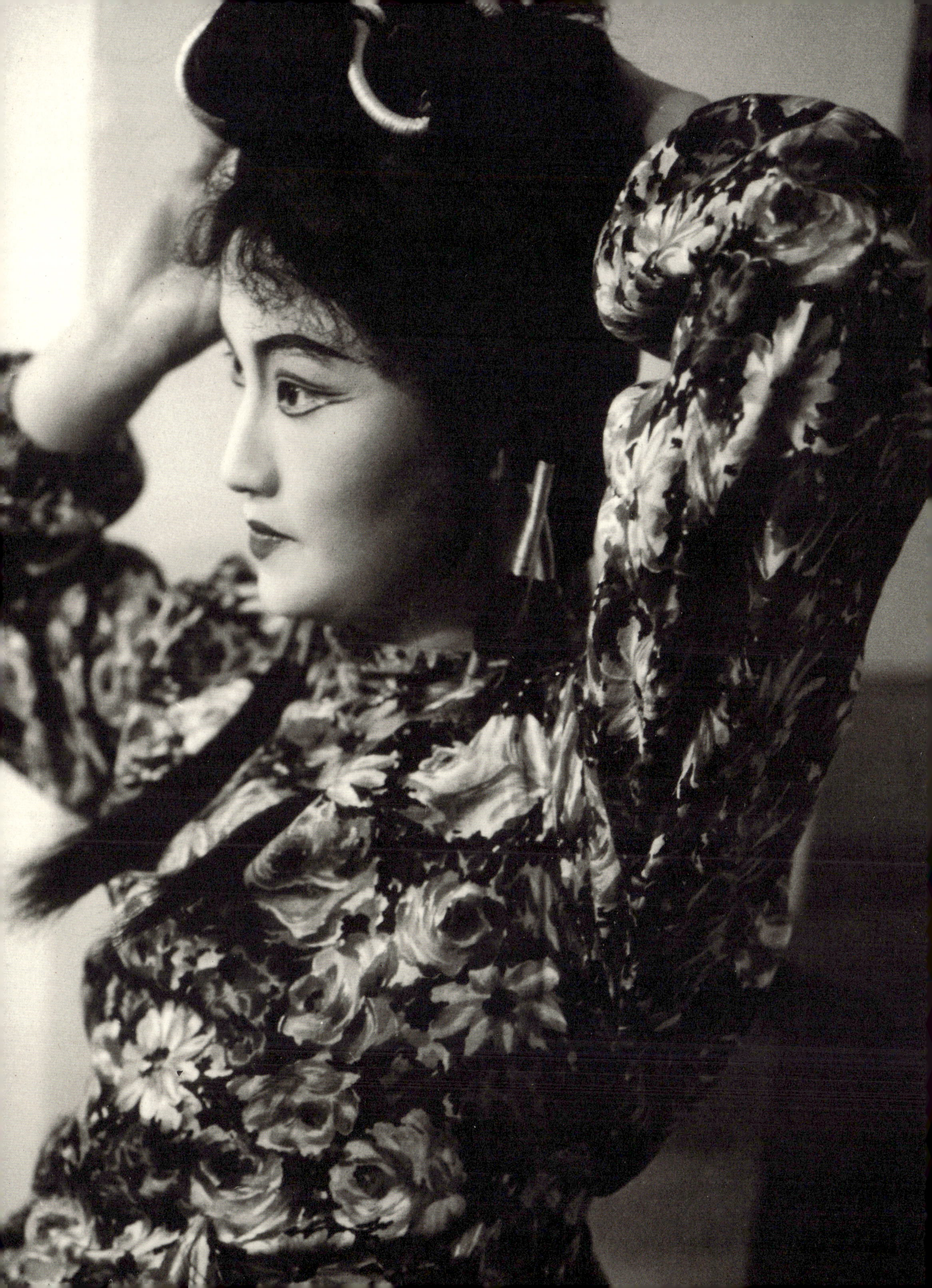

"阿姐老师"

1938年秋，懂事孝顺的母亲为分担家中的困难背井离乡，只身来到上海学戏。经过几天的旅途劳顿，母亲找到位于上海北京路浙江路口香粉弄的天香大戏院，进入了表姐竺素娥和名旦姚水娟组成的"越吟舞台"。

竺素娥工小生，文武兼长，唱做俱优，扮相俊美，戏路宽广，曾被誉为"越剧皇帝"。母亲到天香大戏院几天后，便向竺素娥行了拜师礼，从此吃上了"戏饭"。竺素娥成了母亲的老师，她也是母亲唯一正式拜过师的老师。为了演幕表戏时能即兴编词，老师让母亲熟记"花园赋子""街坊赋子""容貌赋子"一类基本唱段，还常常教导母亲说："文戏要武唱。"因此她对母亲的武功要求得分外严格。母亲黎明即起，甩发、下腰、拿顶、抢背、舞刀枪剑戟……她谨记老师的话，刻苦练习，打下了扎实的武功底子。

母亲拜师后即开始跑龙套，学习了六个月后，老师觉得母亲的脸型、气质适合演花旦，决定让母亲学旦角。1939年春节前夕，母亲以"小小素娥"的艺名演出了"投军别窑"（《红鬃烈马》中的一折戏），在戏中饰演王宝钏，这是母亲学习旦角后第一次正式登台，这一年她刚满12岁。

母亲改学旦角后，碰到的最大问题就是没有花旦的脚本。幸运的是，老师竺素娥是著名小生，当时越剧界几乎所有的一流名旦都与老师有过合作，母亲便抓紧一切机会"偷戏"。支兰芳是四工腔时期的名旦代表之一，母亲非常喜欢她的"支腔兰调"，一直学习她的唱。为了"偷戏"，母亲主动要求扮演死去的"梁山伯"，在支兰芳演"英台哭灵"时近距离观摩，把支兰芳唱腔里的每个转折、起伏、休止、延长全都学会了。在日积月累的观摩、借鉴和比较中，母亲向众多前辈学戏，博采众长，获益匪浅，一步步由六肩旦唱到了二肩旦，开始崭露头角。

1944年年底，与竺素娥合作的著名花旦王杏花结婚离开戏院，一时缺少了头肩花旦。竺素娥向剧场老板提议说："不用找别人，文娟可以顶上去。"母亲与竺素娥合作的第一出戏是《贩马记》，之后又演出了《盘夫索夫》《沉香扇》《碧玉簪》《梁祝哀史》《玉蜻蜓》《孟丽君》等戏，几乎囊括了所有越剧传统名剧。就这样，母亲一跃成了与老师搭档的头肩花旦。

■□ 母亲第一次登台表演的报纸广告
□■ 左图：20世纪80年代，母亲与老师竺素娥。
中图：20世纪40年代剧照
右图：20世纪50年代初，母亲与老师竺素娥。

　　竺素娥与母亲是姑舅表姐妹，母亲叫她"阿姐"，我叫她"大阿姨"。我小时候，母亲常带我去王家码头的大阿姨家看望她。母亲把大阿姨奉作"命中贵人"，告诉我说"没有你大阿姨就没有我的今天"。大阿姨为人正派严肃，作为老师，对母亲既严格又宽厚，不但在艺术上提携了她，也在艺人地位低下的年代里保护了她。母亲跟随老师七年，待老师结婚退出后母亲才真正"出师"。她感叹说："还是在老师身边安全。"

　　三年前，一位朋友告诉我，有一天突然接到母亲的电话，母亲在路边打不到出租车，因此求助朋友开车送她去郊区陵园。我这才知道，自大阿姨1989年去世以后，母亲年年清明都会去给她扫墓祭拜，已经90多岁了还在坚持，而母亲从未与我说起过。她默默地怀念着大阿姨，最后住进医院时还在说："清明不能去看我老师了，等出院后再去。"

领衔"同孚"

上两图：20 世纪 40 年代剧照
下图：民国时期同孚大戏院地图
20 世纪 40 年代剧照

　　1945 年秋，母亲离开老师竺素娥正式"单飞"，在位于上海石门一路的同孚大戏院担任头肩花旦。至 1947 年夏，她与著名小生演员邢月芳合作演出了《梁祝哀史》《三看御妹》《叶香盗印》《何文秀》《碧玉簪》等 50 多台传统老戏，以及《上海小姐》《水红菱》《千金一笑》等 50 多台新编戏。仅用一年时间，母亲便成为"后起之秀"中的佼佼者。

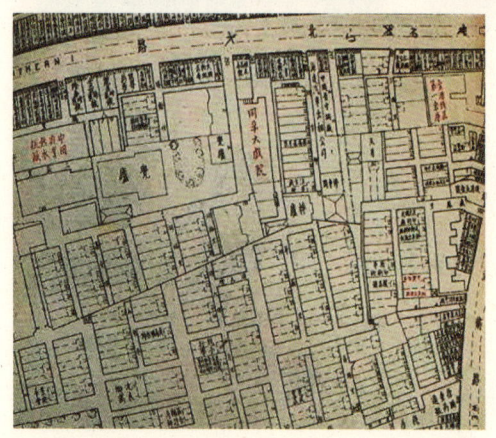

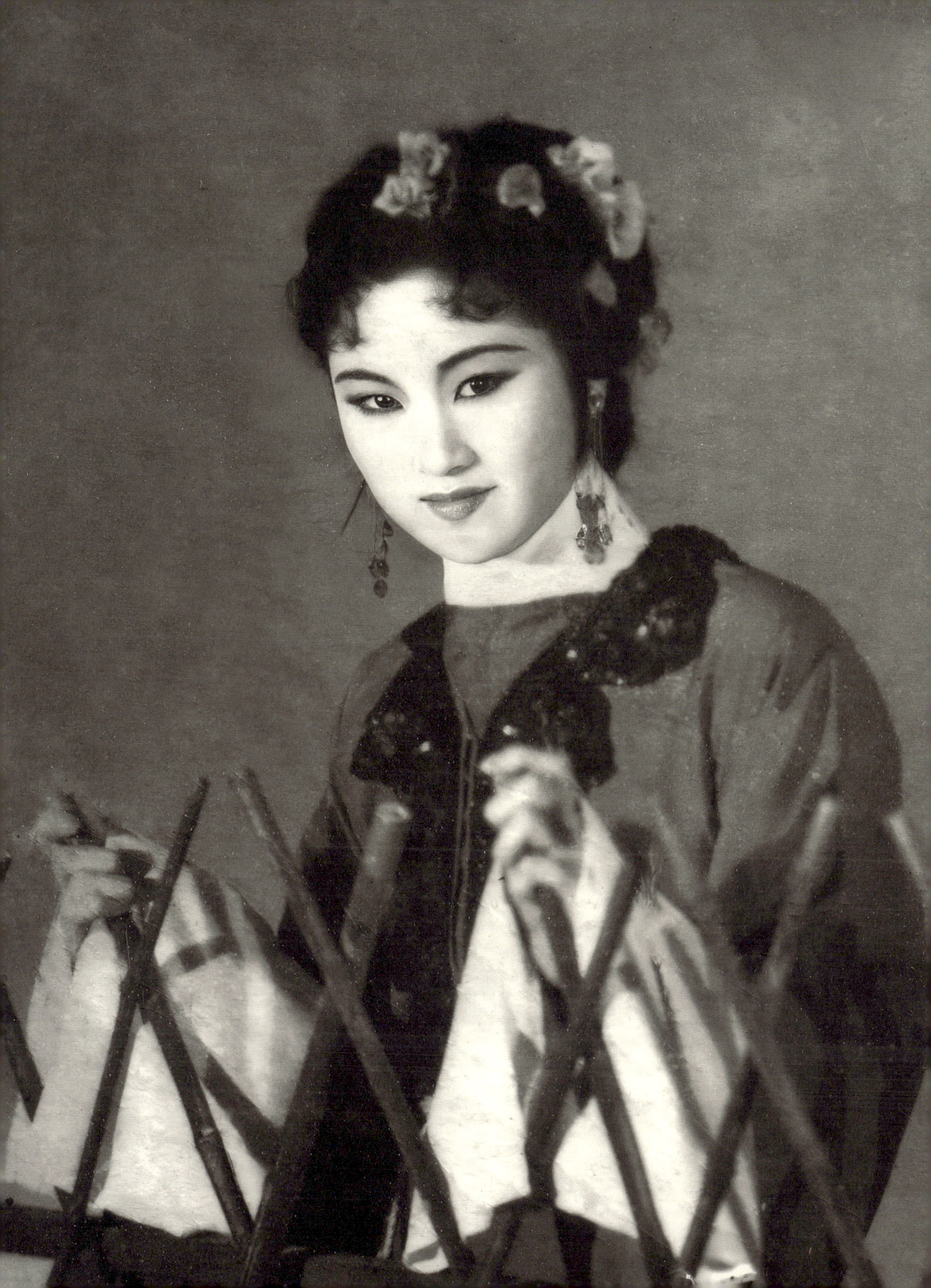

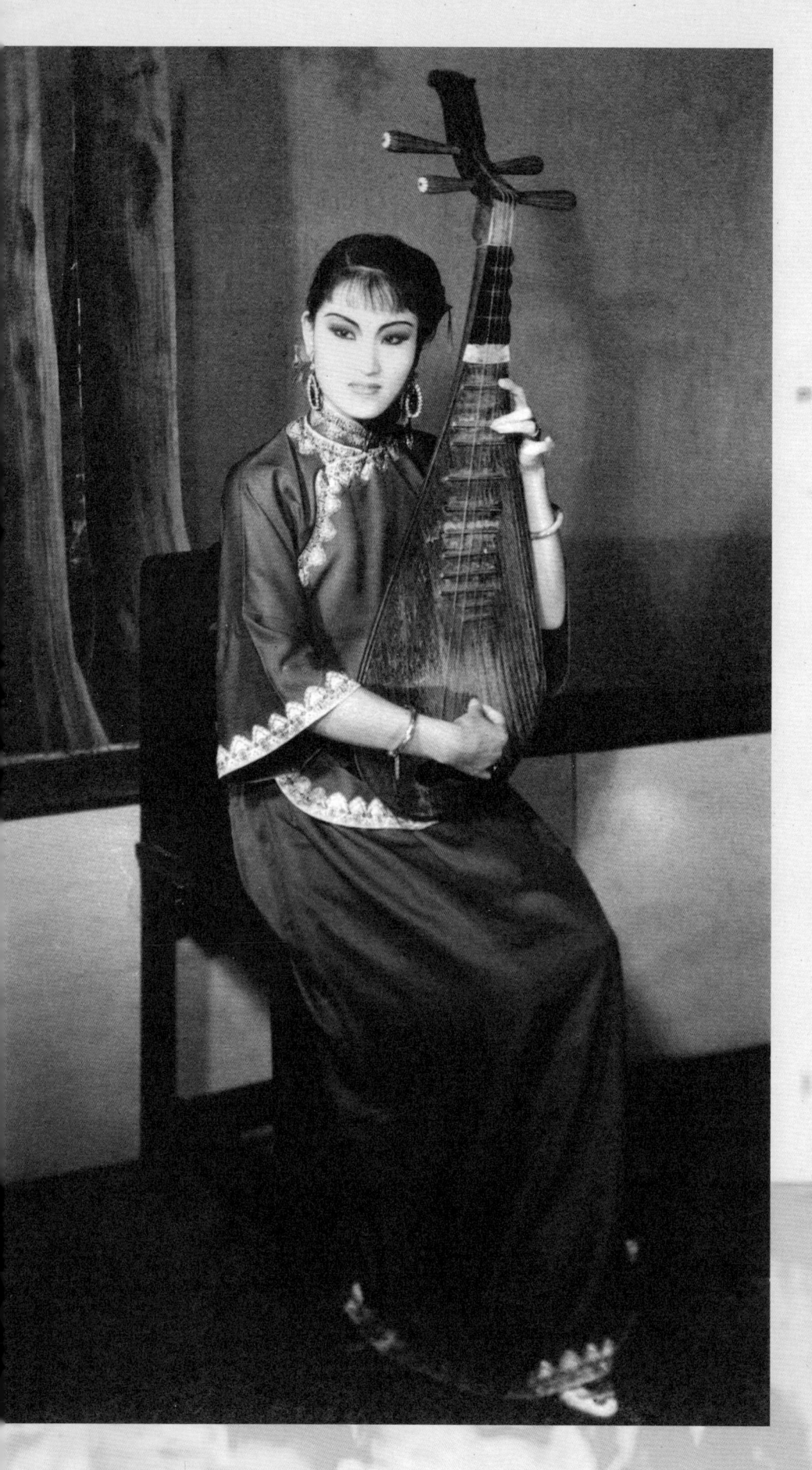

《天伦之乐》剧照
上图：1947年，母亲与陆锦花阿姨合作《天伦之乐》。
下图：1947年，《礼拜六》（少壮剧团）戏单。
底图：皇后大戏院

"皇后"的"双头牌"

　　1947年8月，"同孚"合约期满，当时小生陆锦花和母亲都只有20岁出头，艺术上年轻敢闯，于是两人共同组建了"少壮剧团"，在地处闹市中心的皇后大戏院演出。

　　起初，"同孚"的老板不肯放母亲走，经过一番协商，"皇后"老板沈益涛出了两根金条才摆平此事。母亲与陆阿姨挂"蝴蝶双头牌"，首出大戏《礼拜六》一炮打响。她俩在唱腔上分别学习前辈艺人支兰芳和马樟花，配合起来相得益彰，重现了"闪电红星"和"闪电小生"的风采。

　　时值1947年越剧改革方兴未艾，"少壮剧团"也急起直追，编剧、导演、作曲、舞美设计都由新文艺工作者担任，舞台面貌相较以前大为改观，赢得了一大批观众的喜爱。少壮剧团上演的大多是新编戏，尤其以时装戏为特色，演出了《礼拜六》《天伦之乐》《女伶受辱记》《笼中鸟》等剧目，在一年半时间的演出中，上座率始终不衰。

　　"少壮"时期，是母亲艺术生涯中的关键一步。

与"尹皇"在"兰心"

左图：1948年，《双枪陆文龙》剧照，尹桂芳阿姨饰演陆文龙，母亲饰演群凤公主。
右图：1948年，《双枪陆文龙》（芳华剧团）戏单。
1948年，《浪淘沙》剧照，母亲饰小周后。
底图：民国时期的兰心大戏院

1948年7月，当母亲正在等待"皇后"老板续订聘约时，不料来和她订约的竟是刚刚租定兰心大戏院的老板，他邀请母亲与当时最红的小生演员尹桂芳合作。原来陆锦花因病辍演，皇后大戏院只能提前歇夏了。母亲进入"兰心"后，和尹桂芳合作演出了《浪淘沙》《双枪陆文龙》。在越剧界，"越剧皇帝"尹桂芳被人尊称为"尹大姐"，不仅因为她年龄较长，更由于她艺术上很有成就。母亲是越剧界崭露头角的后起之秀，尹大姐又一向乐于提携姐妹，因而，她们合作得不错，演出几乎场场满座。可惜由于"兰心"为外资所有，场租费极高，即使满座老板仍旧亏损，最终导致她们的包银也受到影响，只得提前离开"兰心"，终止了合作。

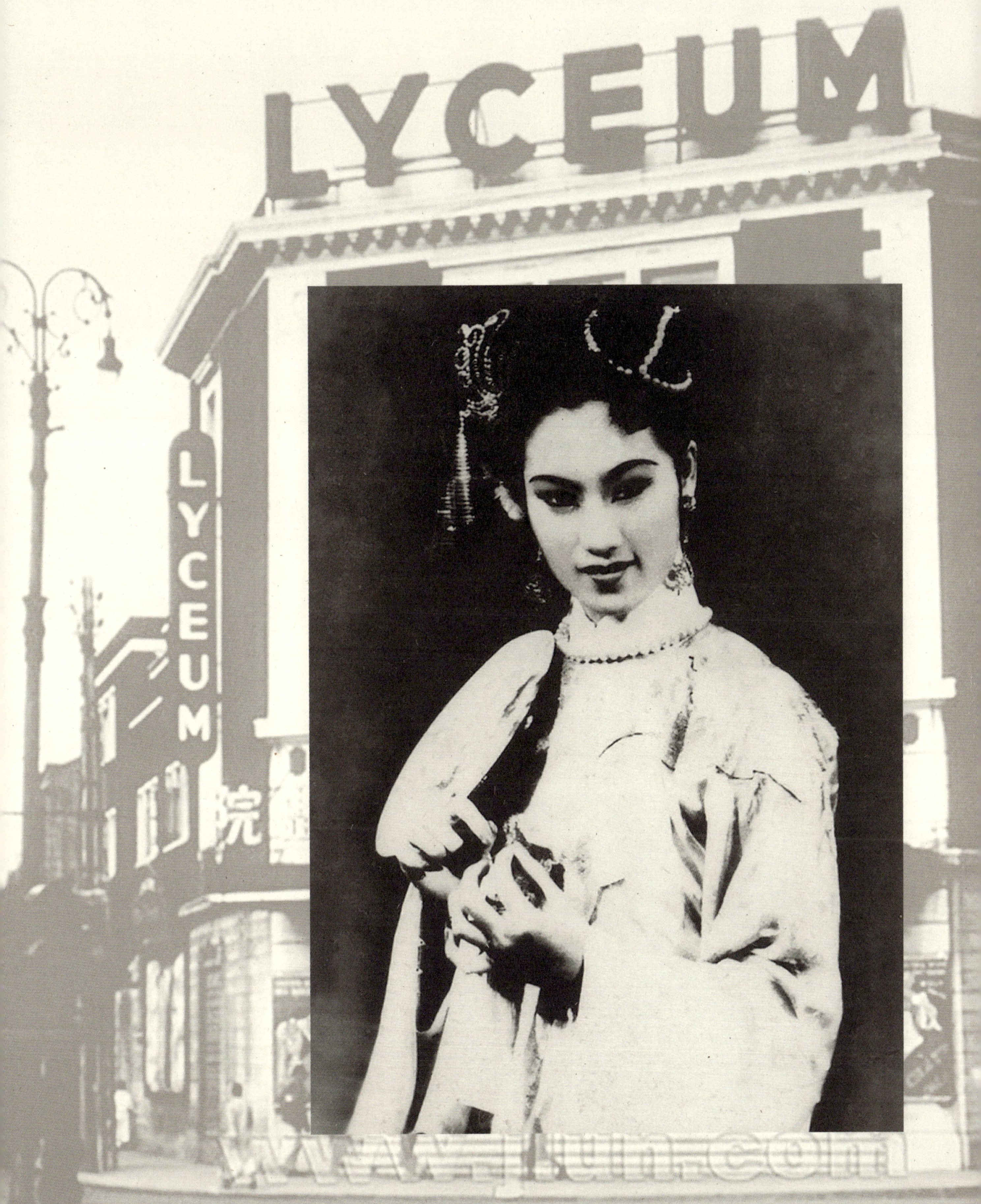
LYCEUM
LYCEUM
院

244

■ 1948年，《风萧萧》剧照及演出单，母亲饰演卫美人。
底图：明星大戏院
■ 左上图：1949年，《飞虎岗》剧照，右为著名老旦周宝奎阿姨。
左下图：1949年，母亲与徐玉兰阿姨合影。
右图：1949年，《飞虎岗》剧照。

入"玉兰"进"明星"

　　1948年秋天，母亲应名小生徐玉兰阿姨邀请，作为"特邀"演员加入玉兰剧团，从此开始了"徐王"长达半个多世纪的合作生涯。当时"玉兰剧团"的班底很强，有老生钱妙花，大面徐慧琴，老旦周宝奎，小丑贾灵凤，小生、花旦中还有筱桂芳、陈兰芳。剧务部力量也较强，主要有吴琛、钱英郁、徐进、石景山、庄志、刘如曾、郑传鉴等。

　　母亲和徐玉兰阿姨合作的第一个戏是《风萧萧》，母亲饰演卫美人。当时就有评论说："一个英武豪放、正气凛然，一个委婉秀丽、情深意挚，两人在舞台上刚柔相济，水乳交融，慷慨悲歌，感人肺腑。"到1949年上海解放前夕，她们又陆续演出了《红狮岗》《风尘双侠》《是我错》《林冲夜奔》《夜夜春宵》等剧，配合越来越默契。

1949年,《风尘双侠》剧照,母亲饰演红娘子。

　　玉兰剧团的编导能为演员"量身写戏",比如母亲的武戏非常受欢迎,便会为她多设计一些身段动作。1949年,母亲在《风尘双侠》中饰演红娘子,在"卖艺"一场戏里有许多武打身段:舞双刀、耍枪、翻滚、走绳等。演出后,观众掌声不断,这在当时是比较少见的。

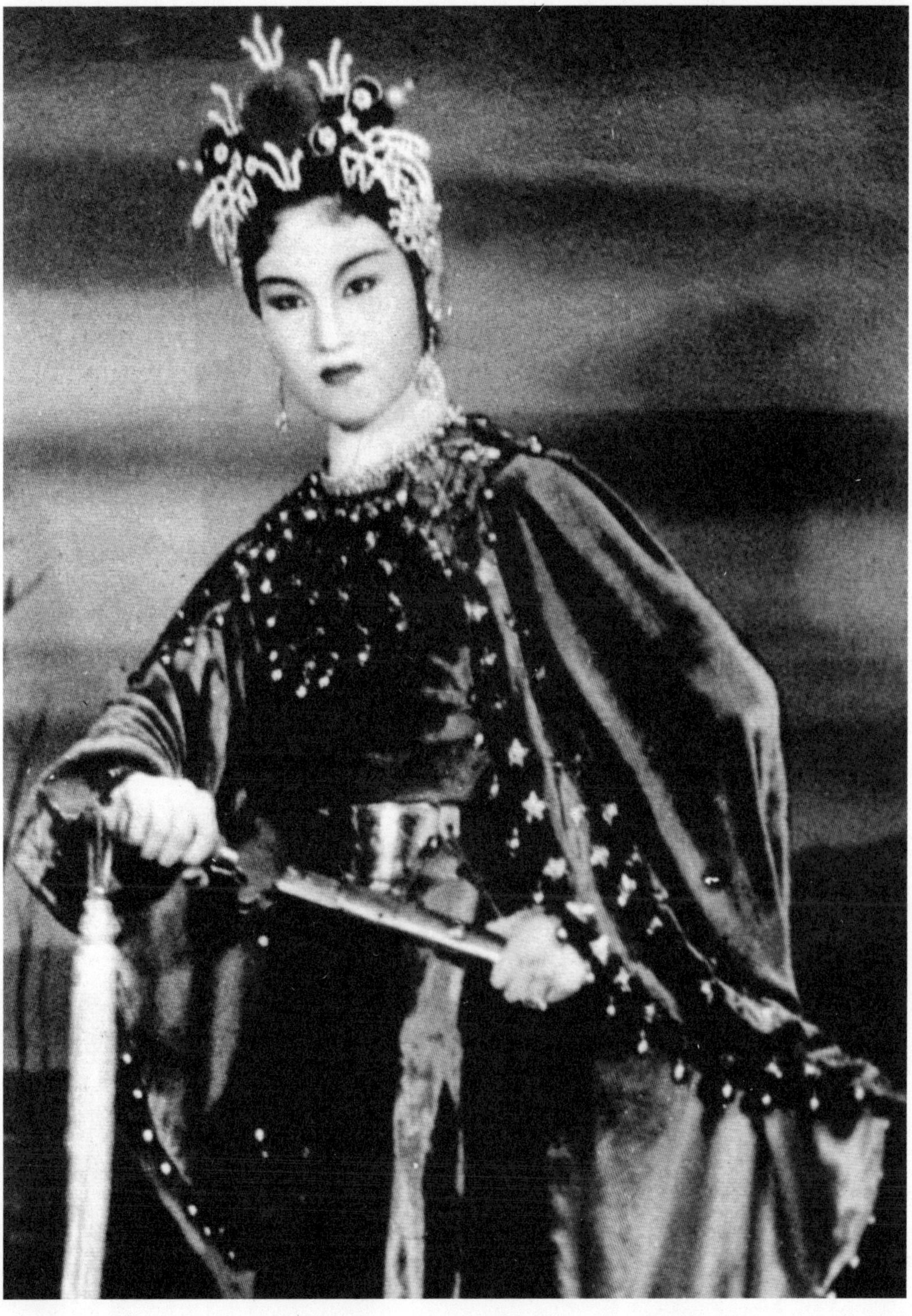

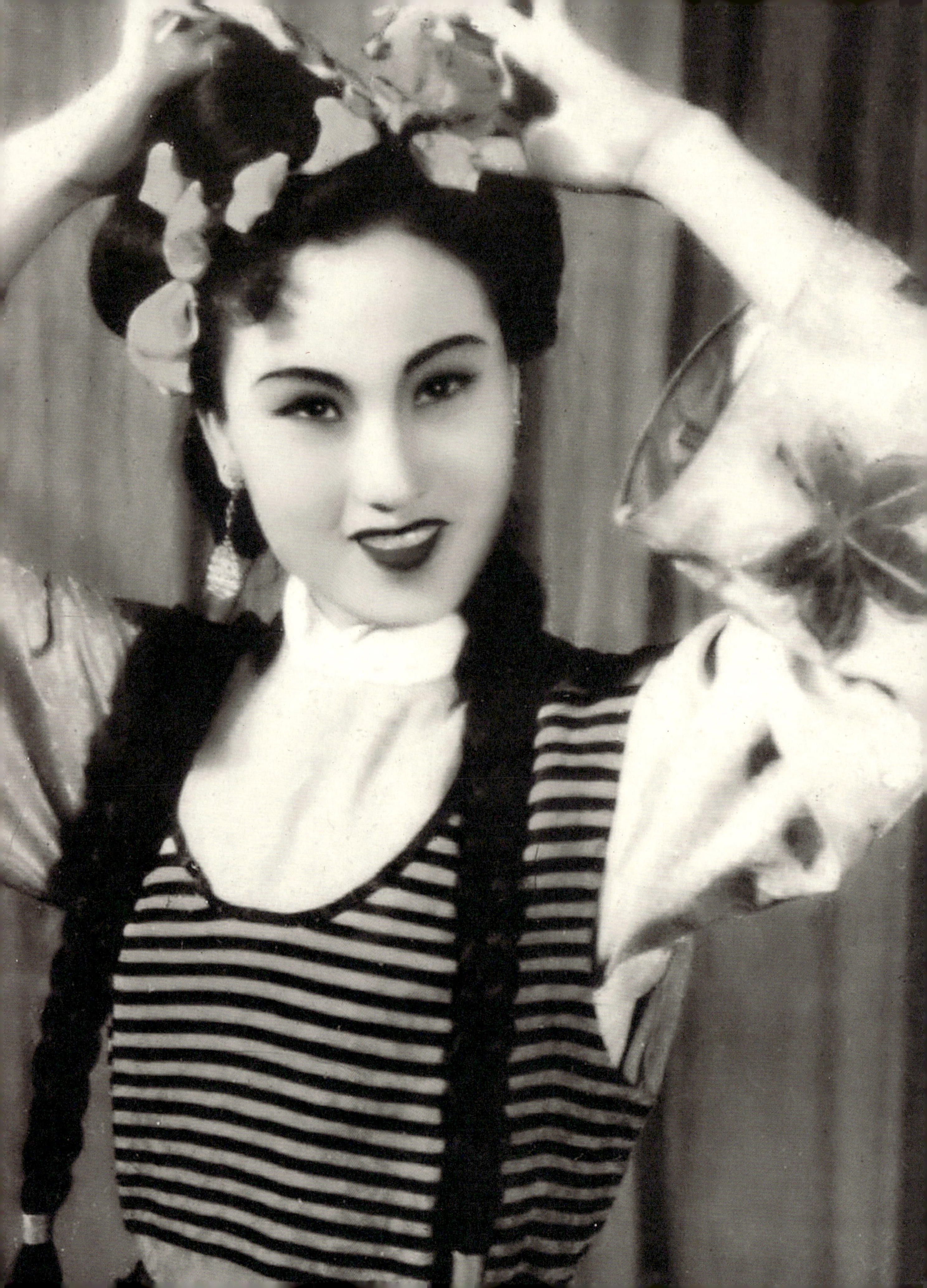

■□ 1948年，《锦瑟恋》剧照。
□■ 1950年，《塞上恋》剧照。

　　从1947年入"少壮"到之后进"玉兰"的这段时期，是母亲艺术生涯中的上升时期，也是越剧的黄金时代。从那时起，越剧开始真正进入上海"主流文化"，演出场所越来越多。

　　繁荣的另一面是激烈的竞争。母亲经常一天只有三到四小时的睡眠时间，睁开眼睛就是排练、唱戏、读剧本、学文化，一刻不敢停歇。她演戏不会耍噱头，不会油腔滑调，当年曾有老观众评价说："王文娟的戏初看平平，但越看越有味道。"

1949年,《三少爷》剧照,母亲饰演蒋小梅。

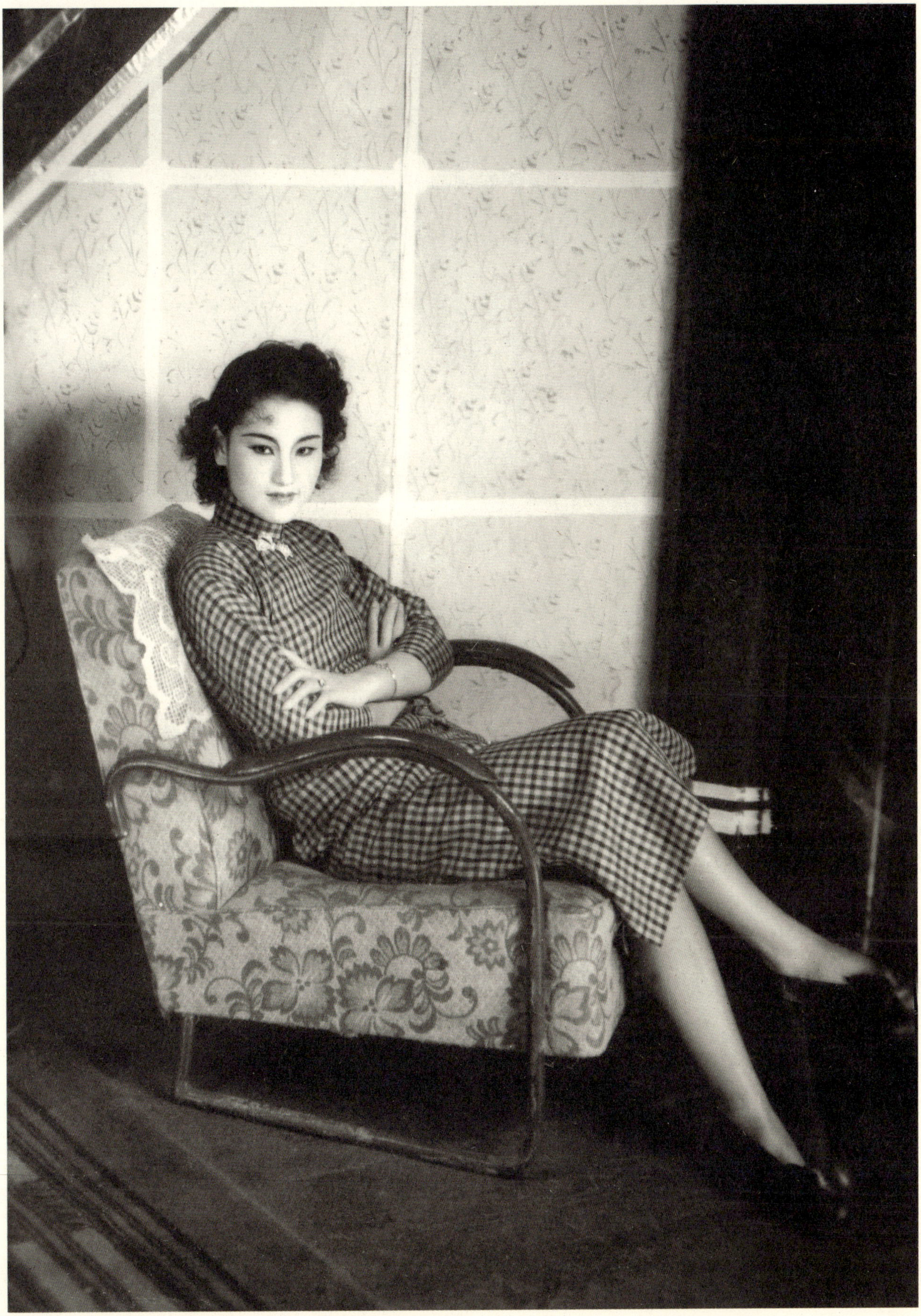

■ 20世纪40年代，母亲在时装剧中的旗袍造型。

　　20岁左右的母亲外表柔弱，却对自己要求严格。到上海已有10年，母亲只去过一次大世界，很少去别的地方玩，跳舞场之类的娱乐场所从来不去。周日上午是她唯一的闲暇时间，母亲会专门去看一些中外经典电影。她非常注重电影演员的表演细节。

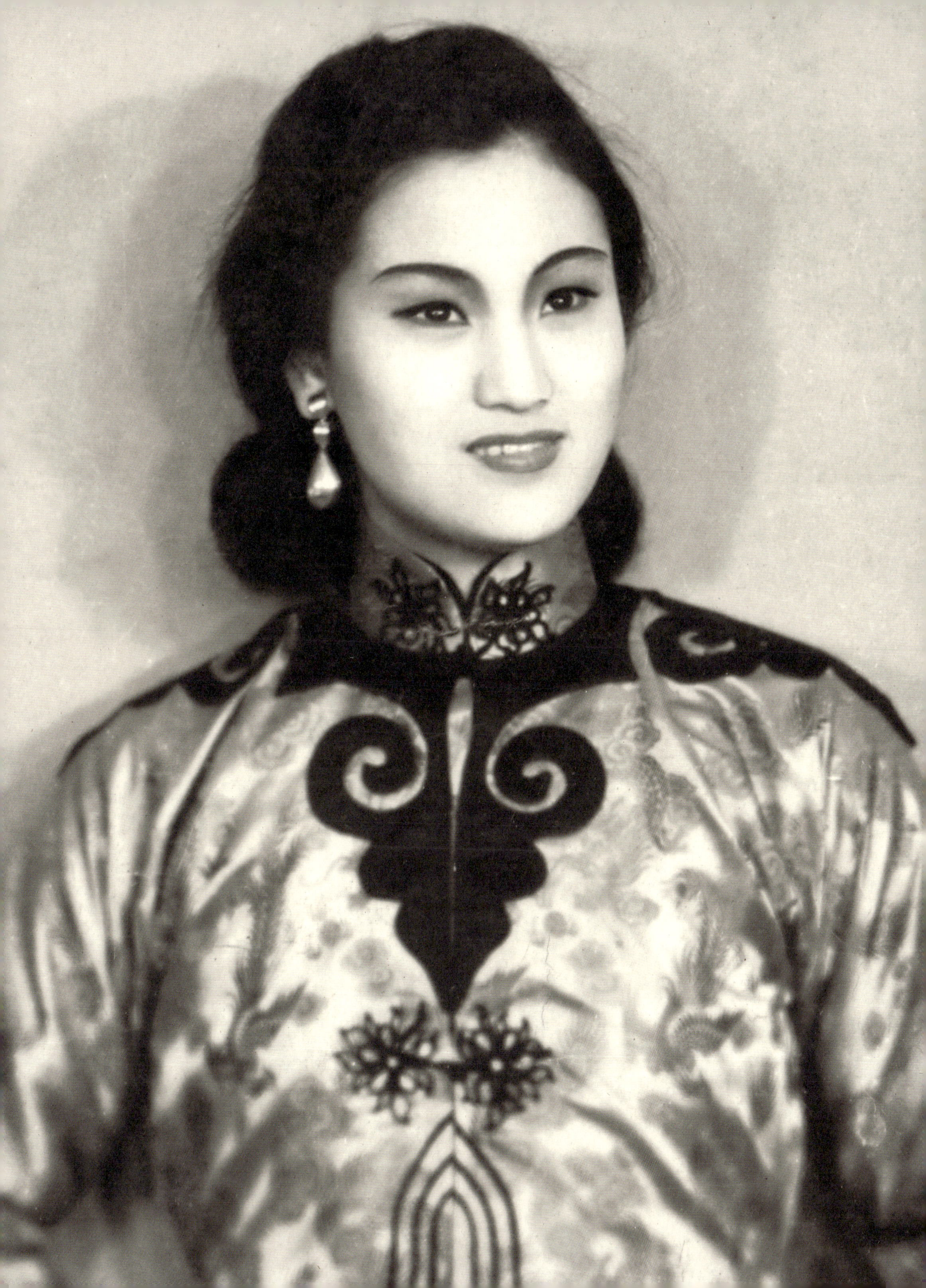

"姐妹班"

新中国成立后,党和政府十分重视戏曲艺术的发展,先后几次举办了地方戏曲学习班,母亲参加了第二届。在学习班里,演员们要学习毛泽东文艺思想、社会发展史、文艺为工农兵服务的道理等,待学习期满,重新进入剧团,进行改制、改戏。改制,主要是变老板制为合作制或集体所有制的"姐妹班";改戏,主要是"去其糟粕,留其精华"。从1949年秋季演出开始,玉兰剧团就积极开展了改制、改人、改戏的工作,舞台面貌焕然一新。

1950年9月,母亲随玉兰剧团转入卡尔登剧场(现长江剧场)演出,先后推出《鸳鸯剑》《粉墨生涯》《信陵公子》《玉面狼》《明天更美丽》等剧目,卖座极盛。其中,《信陵公子》一天日、夜两场,持续演出达138天,创下越剧剧目连续上演日最久的纪录。通过学习班的学习,母亲成长为新时代文艺工作者,明白了文艺要为现实服务,要贴近生活,于是她和越剧姐妹们一起走到工农兵中间去,主动下生活,积极寻找创作灵感与题材,这些都是以前所没有过的。

■□ 母亲和徐玉兰阿姨率玉兰剧团参加 1951 年国际劳动节上海人民大游行。
□■ 1950 年,《鸳鸯剑》组照,徐玉兰阿姨饰演杜光远,母亲饰演李倩倩。

■□ 1949年，在《东王杨秀清》中母亲饰演洪宣娇。
□■ 20世纪40年代剧照

　　戏改后的第一个剧目是《东王杨秀清》。该剧通过杨秀清、韦昌辉、洪宣娇之间的人物关系，描绘了太平天国内讧所造成的悲剧。玉兰阿姨饰演杨秀清，母亲饰演洪宣娇。接着，她们又演出了《十一郎》《袁世凯》《白毛女》等剧，艺术上取得了显著成就。

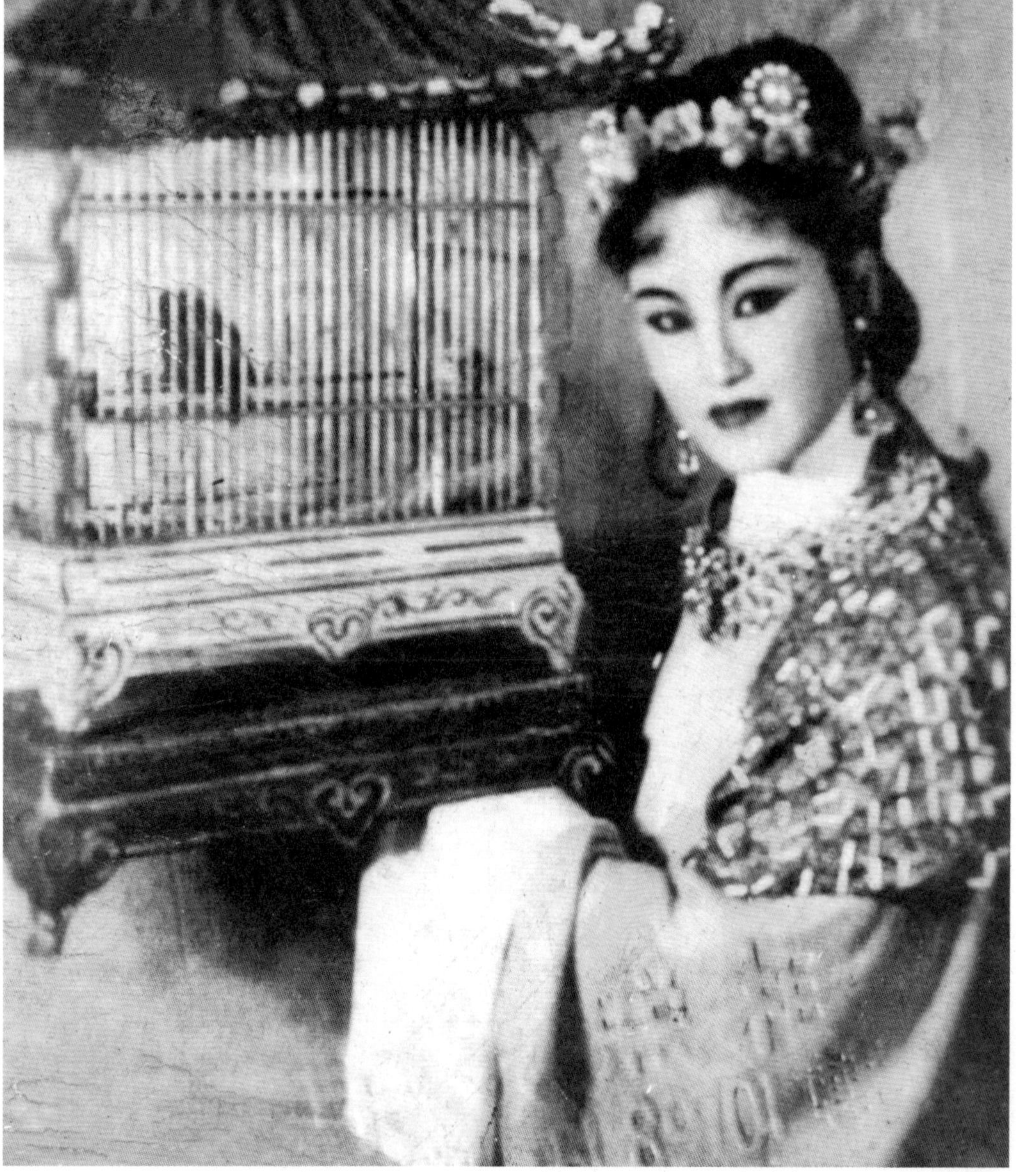

上图：20世纪40年代末的母亲
下图：1950年，母亲在《粉墨生涯》中饰演文芝云。

　　演员生活总是给人以神秘感，而在我的脑海中，这张1950年《粉墨生涯》的剧照显示的就是母亲在后台的样子。

　　母亲的生活特别简单。她长年睡在后台化妆间，除日夜两场演出以外，还要读剧本、排演新戏，置办行头更是压力巨大。为了省钱，她领到薪水后会先把白坯料买好，等接到剧本再根据戏中人物染色、绣花、定款式。母亲还从理发店收集了顾客们剪掉的真发，用来做成发套。

左图:《袁世凯》中小凤仙的戏服
右图:1950年,母亲在《袁世凯》中饰演小凤仙。

母亲去世后,我整理她的旧衣箱,发现了1950年《袁世凯》中小凤仙穿的戏服,戏服采用真丝面料,做工十分讲究。

《明天更美丽》剧照

左图:《明天更美丽》的戏服,收藏在母亲的衣箱里已有 70 余年,完好如新。
右图:母亲去国外出访时,把它当作礼服。

■□ 1951年,《梁祝哀史》中,母亲饰演祝英台,吕瑞英饰演银心,陆锦花饰演梁山伯。

　　1951年,越剧界组织联合义演,为捐献一架"越剧号"战斗机。母亲参加演出了《梁祝哀史》《杏花村》。

　　《杏花村》上台演员达90多人。徐天红饰演王老汉,母亲饰演陈氏,尹桂芳饰演陈强,傅全香饰演王素莲。义演历时两个月,总数筹集到11亿元(旧币),完成了"越剧号"的捐献。

1951年,《杏花村》剧照。

1951年,《白毛女》剧照,母亲饰演喜儿。
1951年,《巾帼英雄》剧照,母亲饰演梁红玉。

　　义演后不久,徐玉兰阿姨因身体原因去青岛疗养,母亲独自撑起玉兰剧团。考虑到缺少头肩小生,戏份只能大幅度向旦角倾斜。

　　决定排《白毛女》的时候,母亲挺有顾虑。那时,剧团必须演现代戏,生意都不太好。《白毛女》这个戏为人所熟知,还拍了电影,在题材上没有任何优势,会有票房吗?没想到演出后票房居然很好,日、夜场连演连满一个月,观众夸赞母亲饰演的喜儿表演真实、细腻,又不失越剧特色。

　　剧团还排演了《巾帼英雄》,母亲饰演梁红玉。"金山战鼓"中有一场"击鼓"戏,母亲的表演和武功向来突出,在业内有口皆碑,为了这出戏,母亲还自己花钱专门请了师傅教她击鼓。

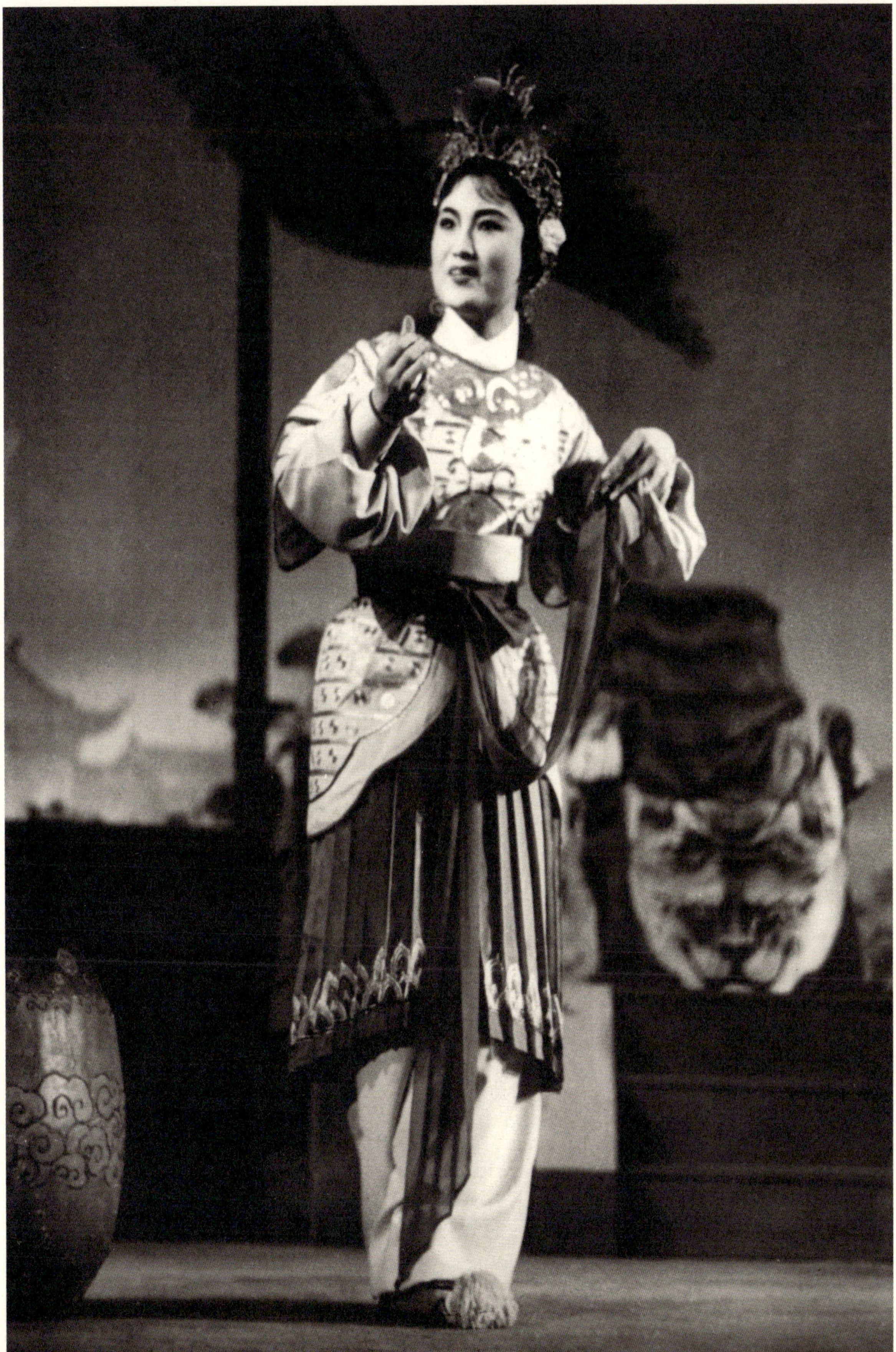

越剧《西厢记》的改编由来已久，20世纪三四十年代，很多越剧名艺人都演出或录制过唱片《西厢记》。当时的改编本多以红娘为主，母亲就曾经扮演过红娘，并且在1948年留下了《红娘叫门》《拷红》两段唱片录音。

1952年6月5日，玉兰剧团在上海长江大戏院公演了由庄志改编的《西厢记》。该戏对人物形象做了合理的改造和升华，且首次将张生与崔莺莺作为并列第一主人公，在情节、场次的安排上进行了大胆的取舍，保留了惊艳、联吟、寺警、负盟、琴心、闹简、赖简、酬简、拷红、别宴、惊梦等重要场次。《西厢记》的上演获得惊人票房，母亲回忆起那时的情况：《西厢记》的票板一放，电台订票一下子就把三个月的票全订满了。演出一直持续到7月20日，突然停演，并且全额退掉了后面已经订满的戏票。原来，母亲和玉兰阿姨决定参军了。1952年7月25日，玉兰剧团集体登上了开往北京的列车。

"我决定参军，确实出于对解放军的好感。他们不拿老百姓一针一线，保家卫国为人民，是人民的好军队。"母亲经常这样谈起她的"初心"，单纯，坚定，毕竟毅然做出北上的决定即便在今天也是不容易的。大多数人会如我的外祖父一般想法："女孩子家参什么军，一跑还跑那么远，再说部队是要打仗的，随时有危险！"然而母亲和玉兰剧团的同仁们一道，毅然决然放弃了上海丰厚的收入，携带《西厢记》和《梁山伯与祝英台》两部大戏，参加了中央军委总政治部文工团越剧队。几个月之后，玉兰剧团又将这两部戏带到了朝鲜战场。

《西厢记》于1952年6月5日首演于长江大戏院，后经总政文工团重新改编排练演出，参加了1952年10月举办的第一届全国戏曲观摩大会，母亲饰演的崔莺莺获得演员二等奖。

■□ 1952年，玉兰剧团集体北上参军，在中央军委总政治部文工团越剧队时演出《西厢记》和《梁山伯与祝英台》的戏单。
□■ 上图：在总政演出时期的母亲
下图：《西厢记》剧照，徐玉兰阿姨饰演张生，母亲饰演崔莺莺。

■ 《梁山伯与祝英台》剧照，母亲饰演祝英台，徐玉兰阿姨饰演梁山伯。
□ 上图：祝英台定妆照
下图：在朝鲜为人民军演出《西厢记》，母亲和她的同事们在简陋的后台化妆。

1953年4月，越剧队到丹东一带慰问演出，与朝鲜仅一江之隔。在爱国主义和国际主义精神的感召下，大家纷纷要求参加抗美援朝。经组织批准后，越剧队进入朝鲜。一跨过鸭绿江，境况完全不同，到处都是巨大的炸弹坑，充满了战争气氛。令母亲和越剧姐妹们想不到的是，演出的消息一经传出，战士们不惜穿过封锁线，冒着生命危险前来看戏，一批又一批。

《梁山伯与祝英台》是越剧的传统老戏，母亲从少年起就学唱"十八相送""楼台会"，从几百座席的通商剧场到上千座的长江大戏院，她已经数不清饰演过多少回祝英台了。然而在朝鲜战场，母亲头一回站在四辆卡车搭成的流动舞台上唱起了"记得那年乔装扮"。有一次，母亲在山洞里演到"英台哭灵"时，电线被敌机炸断了，一片漆黑。聪明的战士们纷纷打开了手电筒，顿时成百成千束光源汇聚到一起照亮了舞台！母亲每每回忆起这段演出场景都很激动，越剧史上或许还没有哪个"祝英台"享受过这般"特殊待遇"呢。

越剧队携带《西厢记》《梁山伯与祝英台》两台大戏及诸多小戏慰问志愿军，在朝鲜坚持了八个月的演出。母亲天性乐观，很快适应了战时生活。她很会苦中作乐，夏天在溪坑里洗澡，就和姐妹们互相嬉水玩儿；在冰面上摔跟头，就当练习滑冰。在严酷的环境下，只有20多岁的母亲却长出了白头发。每次开会，坐在她身后的导演石景山看见母亲头上的白头发就忍不住替她拔掉，拔掉又长出来，越长越多。回国后，母亲去医院就诊，医生说是空气进去了。母亲的那一绺头发后来全变白了。

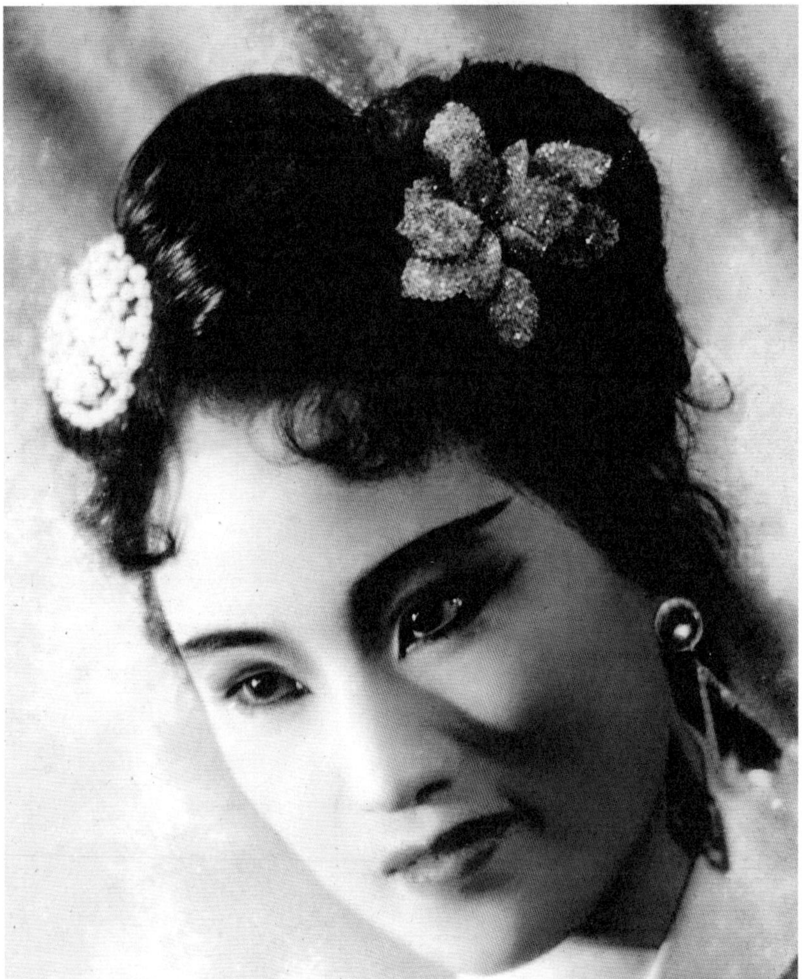

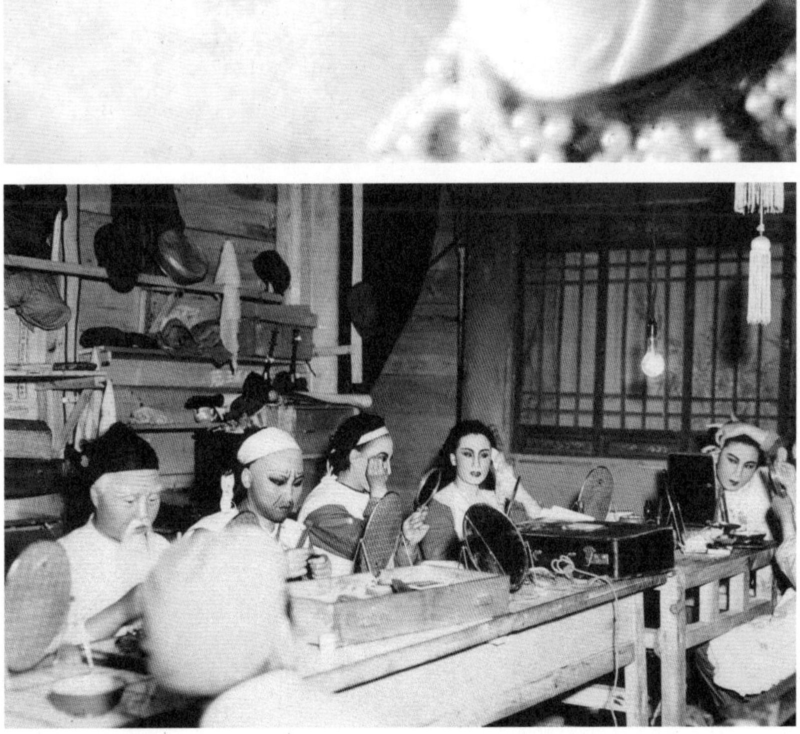

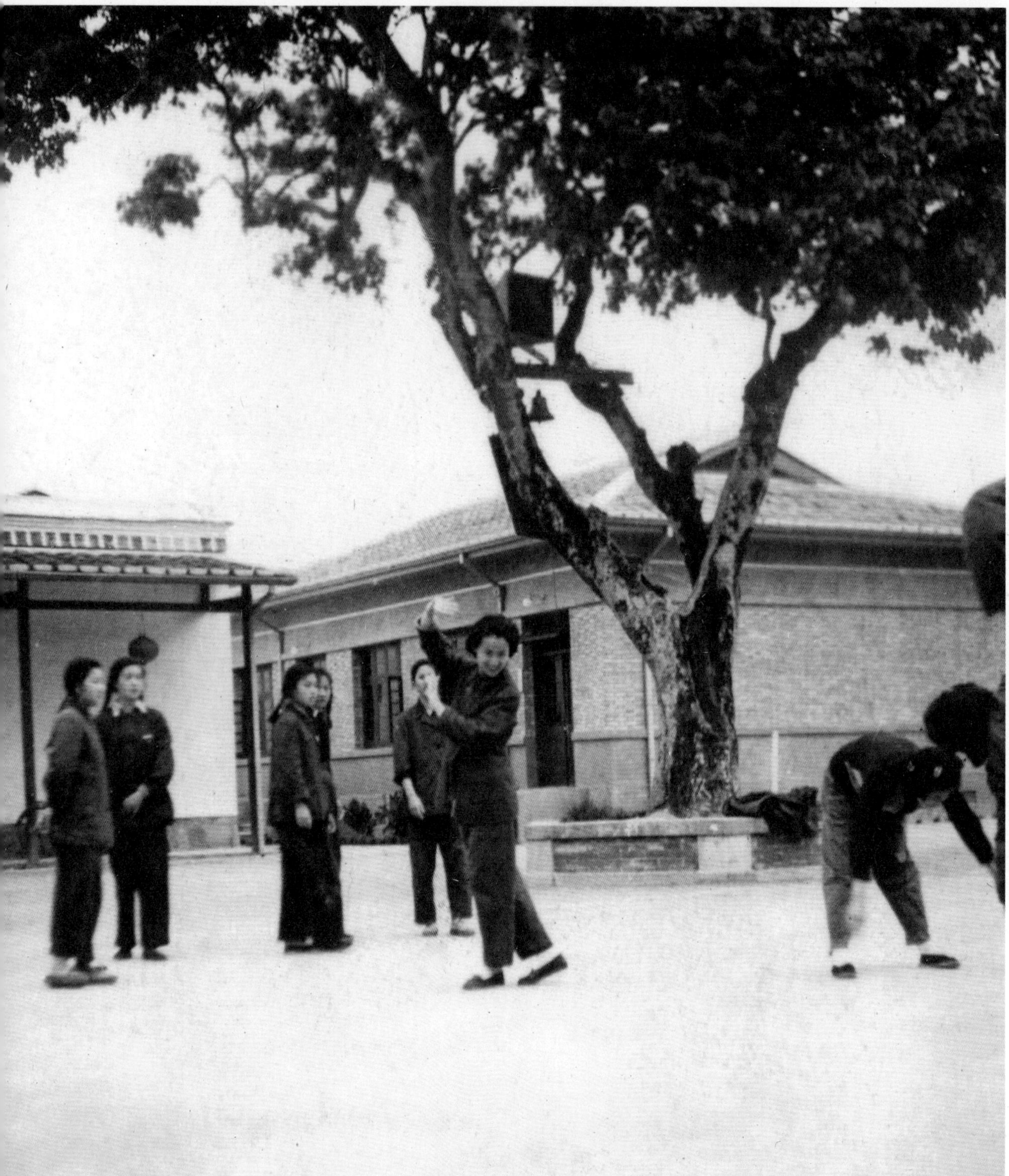

■ 1954年，母亲随剧团在福建慰问解放军，演出之余和团里的小演员一起练功。

□ 上图：1954年，《技术员来了》剧照，母亲饰演女社员刘惠芳，男演员黄善兴饰演农民孙守全。

下两图：《春香传》戏单

编入"上越"

    1954年年初，母亲在荣立二等功并获得朝鲜民主主义人民共和国三级国旗勋章后，随团回国，被编入华东戏曲研究院越剧实验剧团二团（后为上海越剧院二团）。母亲从朝鲜归来还带了一项"成果"——1954年，从朝鲜名剧移植而来的越剧《春香传》上演。这一年的10月，母亲因《春香传》中春香一角获华东戏曲观摩演出大会演员一等奖。她系统地学习了斯坦尼斯拉夫斯基表演理论，并运用到演出实践中，艺术上又迈进了一大步。

    母亲还参加演出了小型实验剧目《技术员来了》，这是上海越剧院首次男女合演。

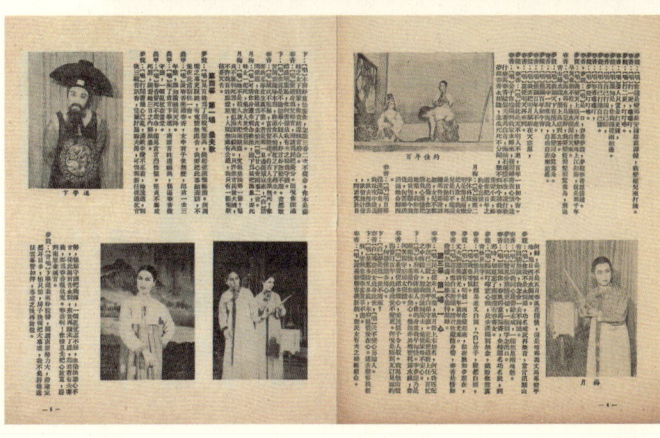

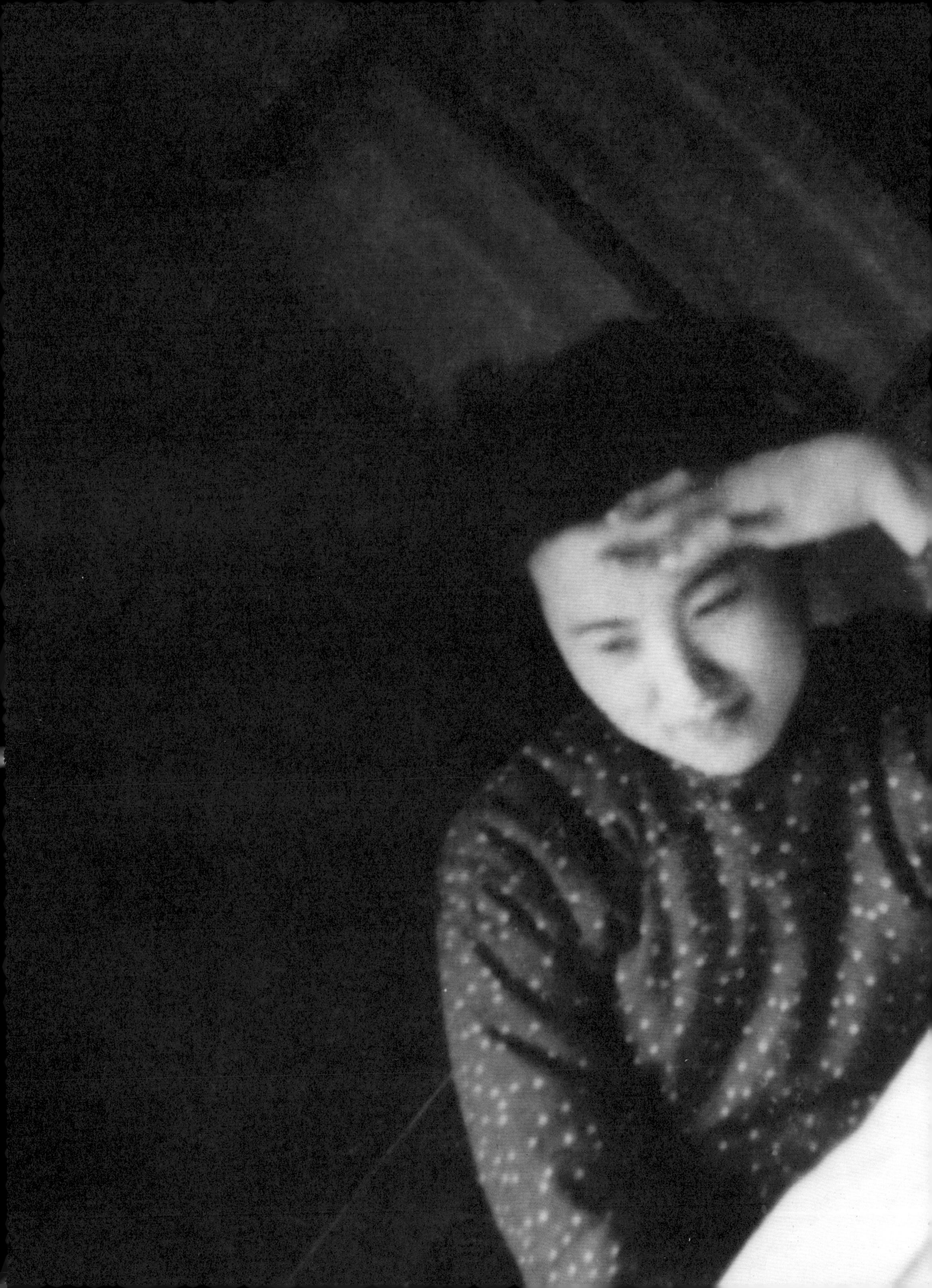

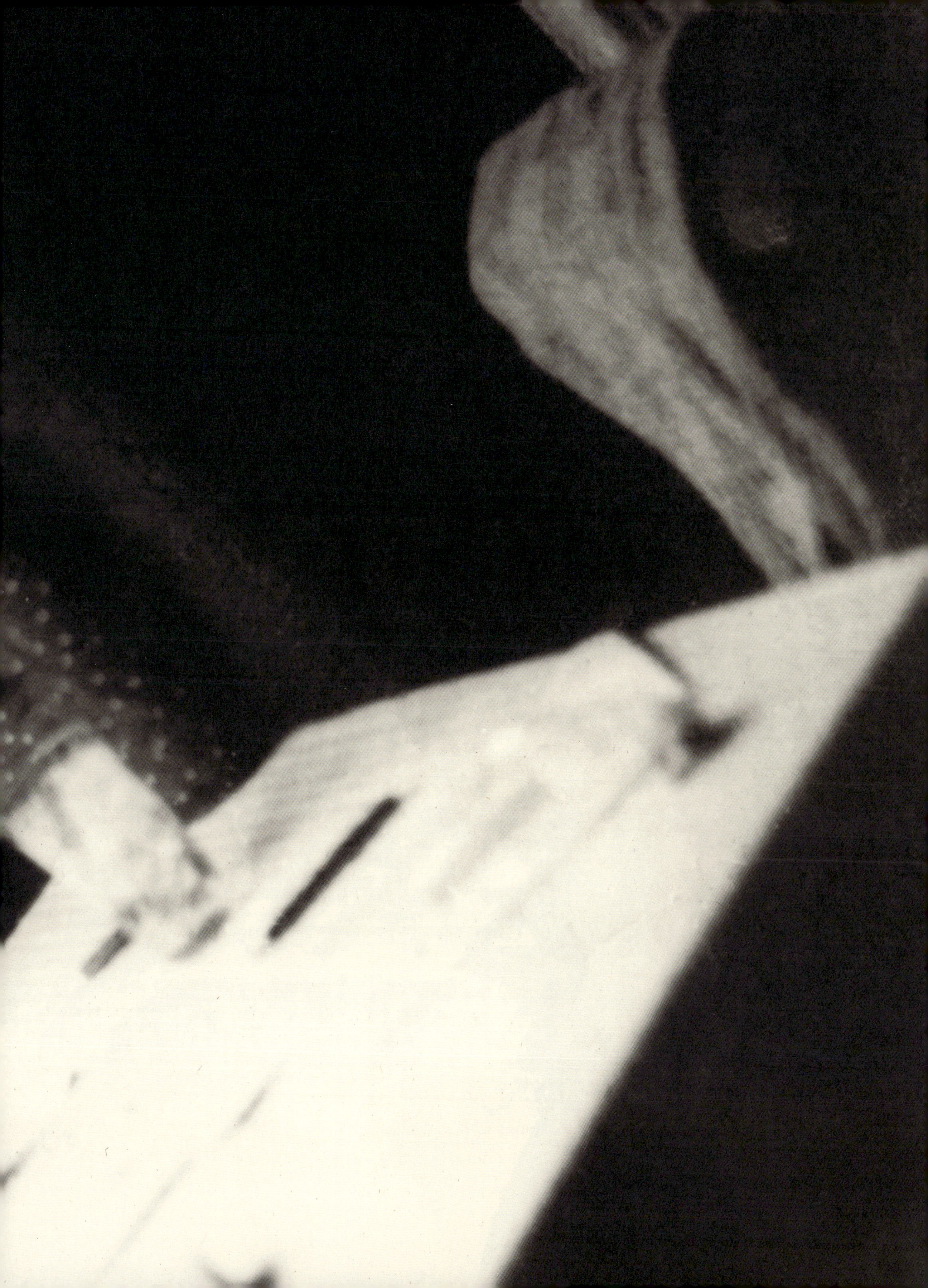

■ 1955年,《晴雯之死》（上海越剧院）剧照,母亲饰演晴雯,陆锦花饰演贾宝玉,陈兰芳饰演袭人。
■ 1955年,《柳毅传书》剧照,母亲饰演龙女三娘,陈少春饰演柳毅。

  1955年6月,上海越剧院赴民主德国和苏联演出,历时半年,母亲作为"留守"人员,与陆锦花、陈少春、丁赛君三位阿姨赶排了三台大戏。母亲80多岁的时候重听当年《柳毅传书》《晴雯之死》的录音,感觉戏没有来得及精细打磨加工,还是比较粗糙,不够成熟。

275

上图和中图：《追鱼》剧照，母亲饰演鲤鱼精，筱桂芳饰演张珍。

下图：20世纪50年代，母亲在家练功。

1956年,《追鱼》定妆照。

　　《追鱼》是母亲捡漏得来的剧本。女作家安娥应越剧院之邀编写了几个戏,一团挑走了《情探》,《追鱼》则被剩下了。不料母亲看了剧本以后非常喜欢,她在草坪上练功,地面不平,跌得身上满是淤青,还在戏里增加了硬抢背、乌龙绞柱等一些越剧不常用的武功。母亲还排演了安娥写的另一个戏《杨八姐盗刀》,比《追鱼》"打"得更厉害。有一段时间,她上午排武戏,下午3点以后排文戏,晚上再演《追鱼》,乐此不疲。

　　1956年11月,越剧神话剧《追鱼》首演于大众剧场,场面精彩,趣味盎然,受到观众欢迎,后成为越剧经典剧目。

左上图和右上图：1958年,《关汉卿》剧照，母亲饰演朱帘秀。
左下图和右下图：1957年,《北地王》剧照，母亲饰演崔氏。

左图：接受了排演《红楼梦》的任务之后，母亲在家中看画册，研究仕女图。

右图：1958年，《红楼梦》剧照，母亲饰演林黛玉。

　　早在1955年，编剧徐进就打算将《红楼梦》改编成越剧并写成了初稿。曾有人说徐进异想天开，自不量力，长达100多万字、内容如此丰富的一部古典名著，要把它编成三小时的戏，谈何容易。即使剧本改好了，又有谁来演？

　　林黛玉这个角色，具有丰富的个性、独特的气质，对母亲来说太有诱惑力了，但是当时越剧院名角荟萃，由哪个团来演，院领导难以定夺，母亲只好默默压住心头的渴望。1957年的一个夜晚，母亲刚刚在大众剧场演完《追鱼》，院领导伊兵和编剧徐进突然来到后台，问母亲："王文娟，你敢不敢演林黛玉？"母亲正在卸妆，随口说："敢啊。"伊兵问："你能演好吗？"母亲不假思索地说："演不好砍我的头。"

　　接受了出演林黛玉一角的任务后，母亲一遍又一遍地精读原著，细心揣摩。她参考了大量仕女图，并让同事从观众席各个角度观看她的舞台造型，不断改进。

1960年,《红楼梦》在香港演出时的剧照,母亲饰演林黛玉,徐玉兰饰演贾宝玉,孟莉英饰演紫鹃。

《红楼梦》自1958年2月首演,已经演出了60多年,成为越剧经典传承剧目,堪称越剧发展史上光彩熠熠的一座丰碑。

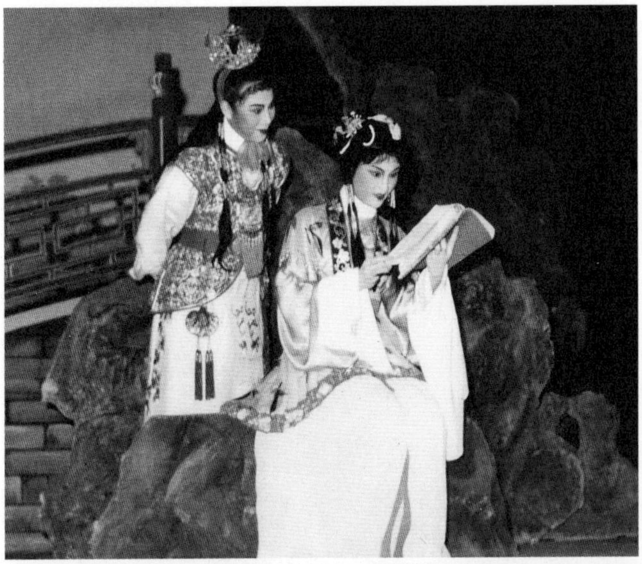
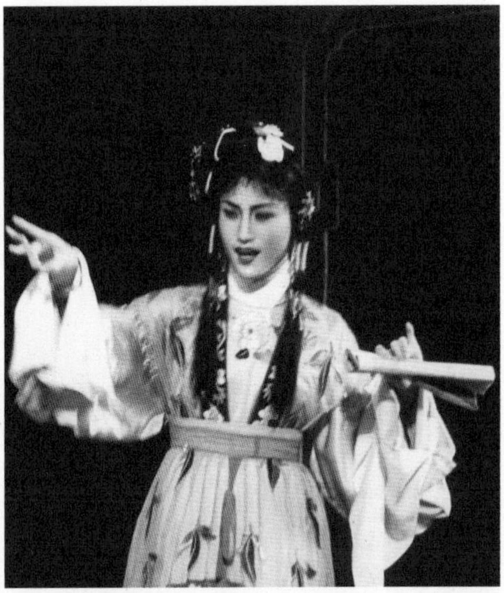
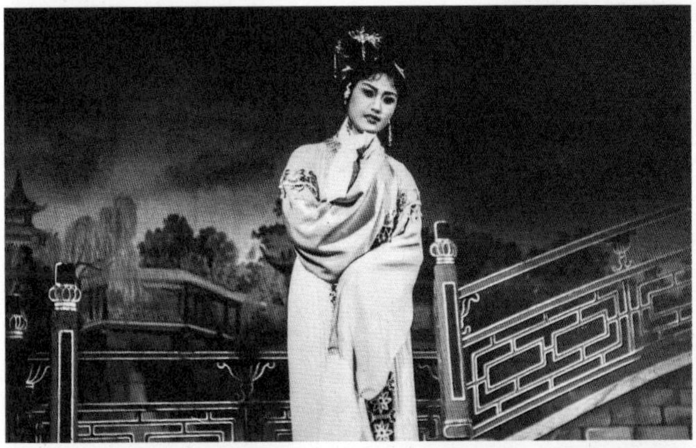
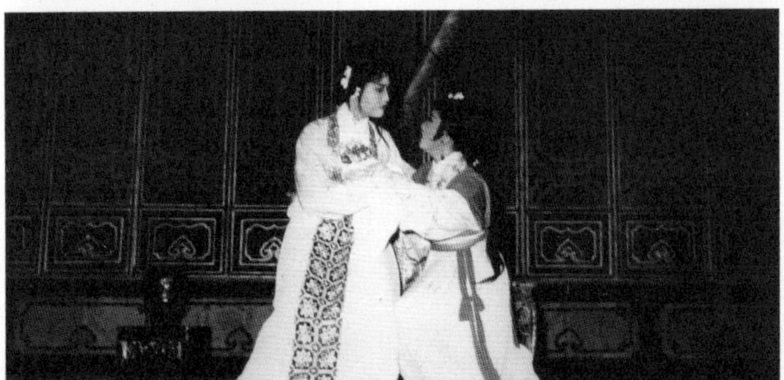
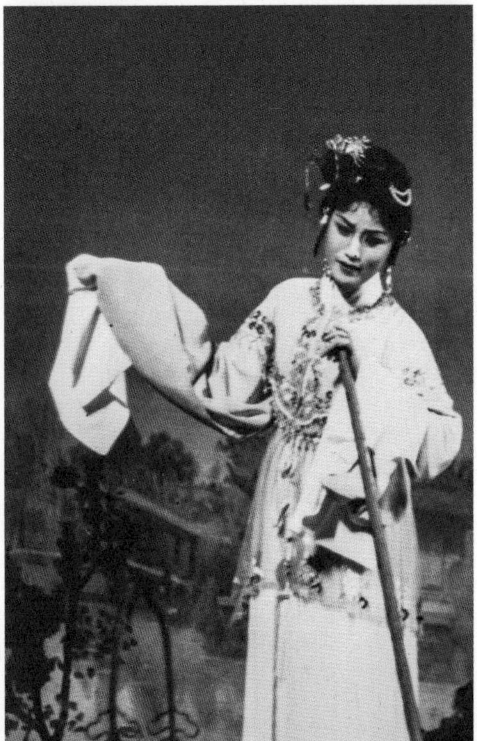

■□ 1959年，上海越剧院《则天皇帝》剧本单行本发行，刊登了母亲在后台换服装的照片。
□■ 母亲的传统包头造型

　　1958年，母亲尝试在越剧这个以才子佳人戏见长的剧种里，塑造一个强势的女性形象，她亲自参与了剧本《则天皇帝》的编写。据悉，该剧在1959年首演后受到郭沫若先生的高度赞扬，被誉为"有力度、有分量"。其越剧剧本也在当年出版了单行本。

283

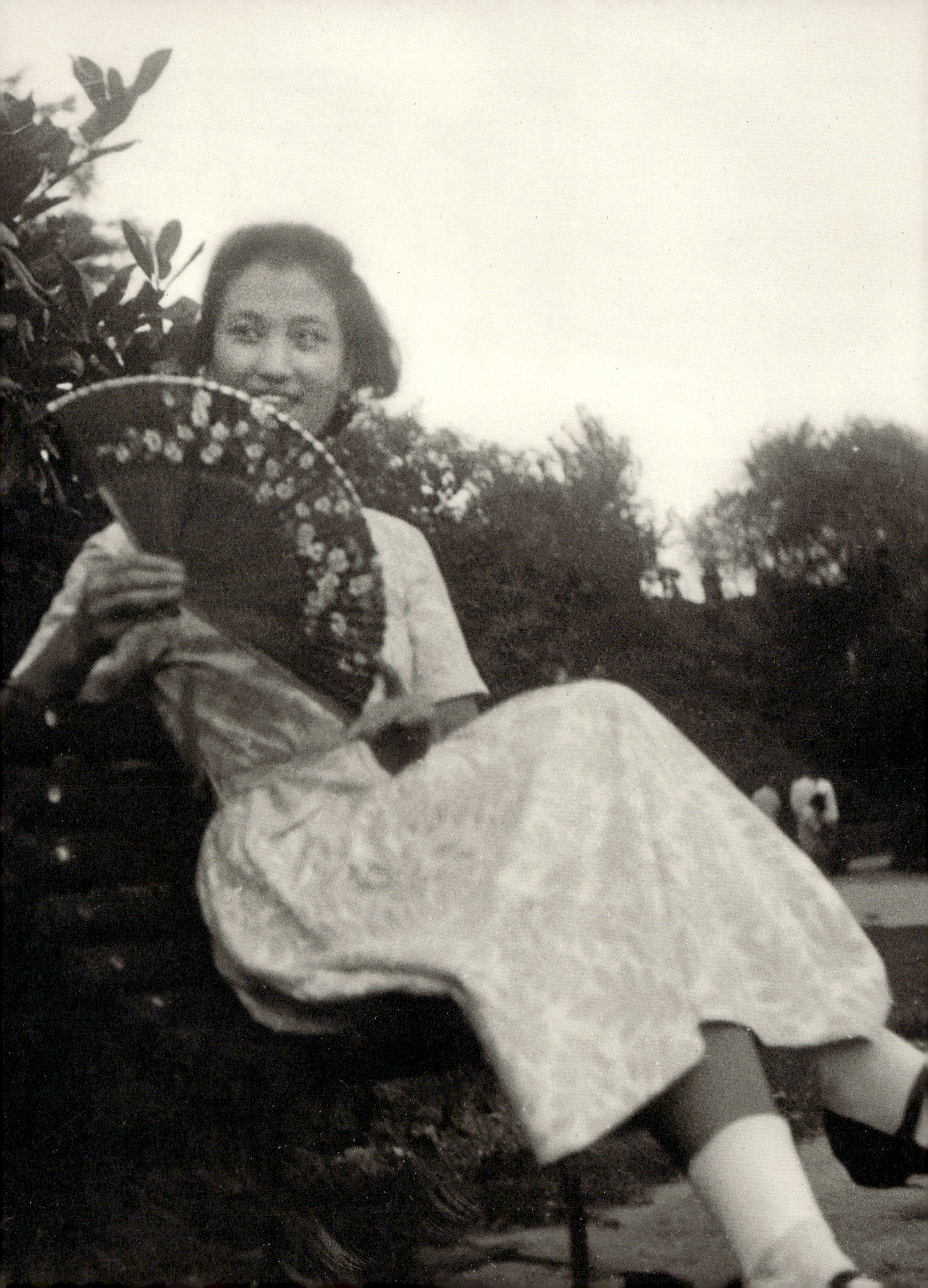

1959年，母亲在全国各地巡演，小憩时留影。

■ 1966年，母亲在现代剧《菜市春》中饰演梁玉珍。
□■ 1958年，母亲下工厂演出。

　　一年里用半年时间到各地巡演对母亲来说是寻常事。巡演时，剧团每个人自带被褥洗漱用具睡在后台，乘火车汽车，天天不间断地进行日、夜两场演出。从1958年起，母亲陆续演出了《东风催得梅花开》《党员登记表》《真正的考试》《亮眼哥》《女飞行员》等现代戏。1966年夏初，母亲演完《菜市春》，即被打入另册，赶下了舞台。

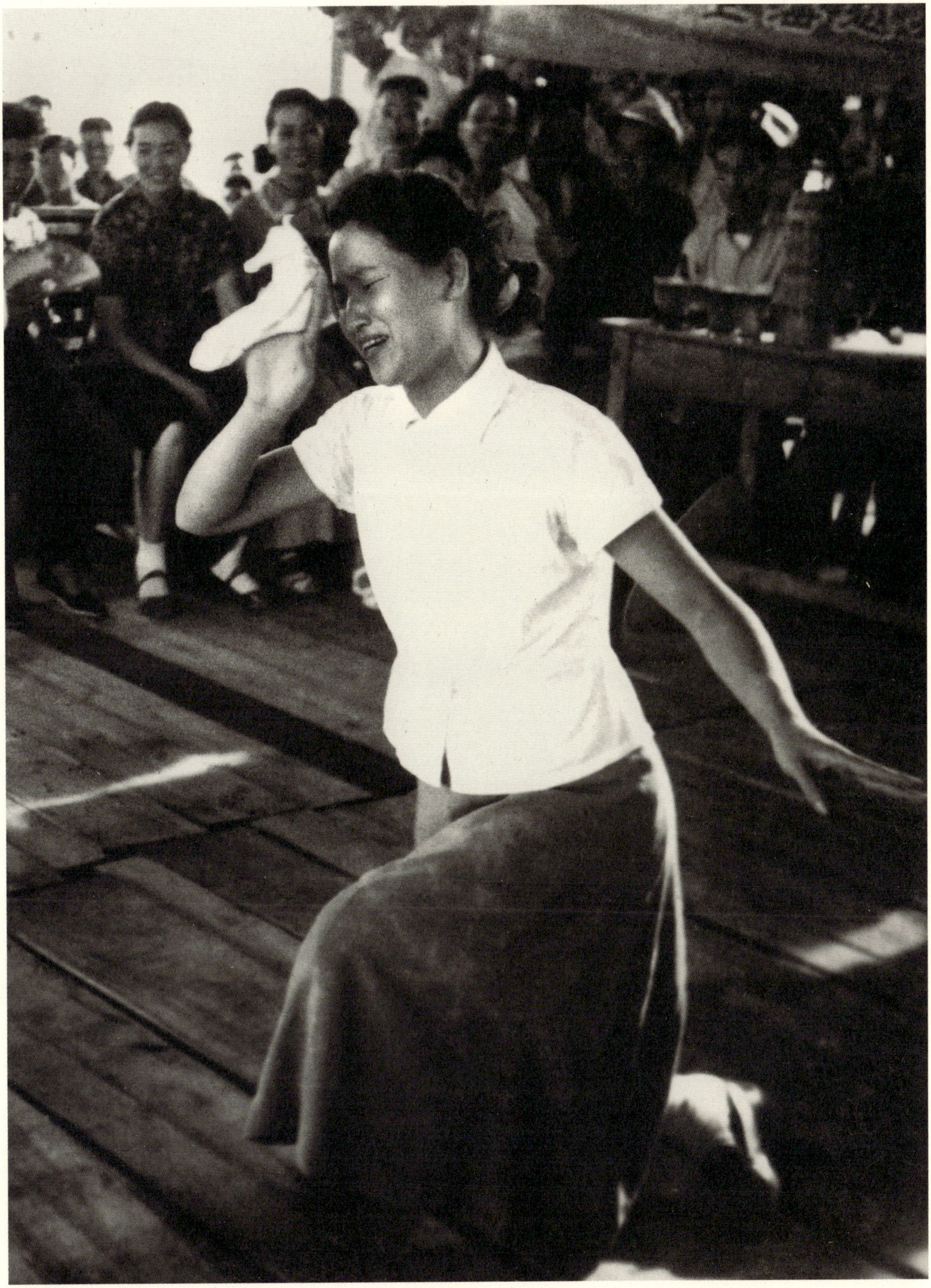

常青树

右上图：1977年，《布浪万里》剧照，汪秀月饰演方英，母亲饰演杨玉英。
右下图：20世纪70年代末的母亲
跨页图：20世纪80年代初，母亲参加上海越剧院清唱专场。

"文革"结束后，年过半百的母亲终于重新登上阔别十年之久的舞台，迎来了艺术生涯的第二春。

母亲复出后演的第一台大戏是《布浪万里》（1977年5月）。该戏讲的是纺织厂工人万米无疵布的事迹，她在剧中饰演支部书记。乐池离观众很近，乐队同事在散戏后告诉母亲，他们听到观众们在感慨地说："王文娟，总算又见面了！"但是这出戏对母亲的打击很大，她没有想到自己重上舞台后会对舞台如此陌生。

289

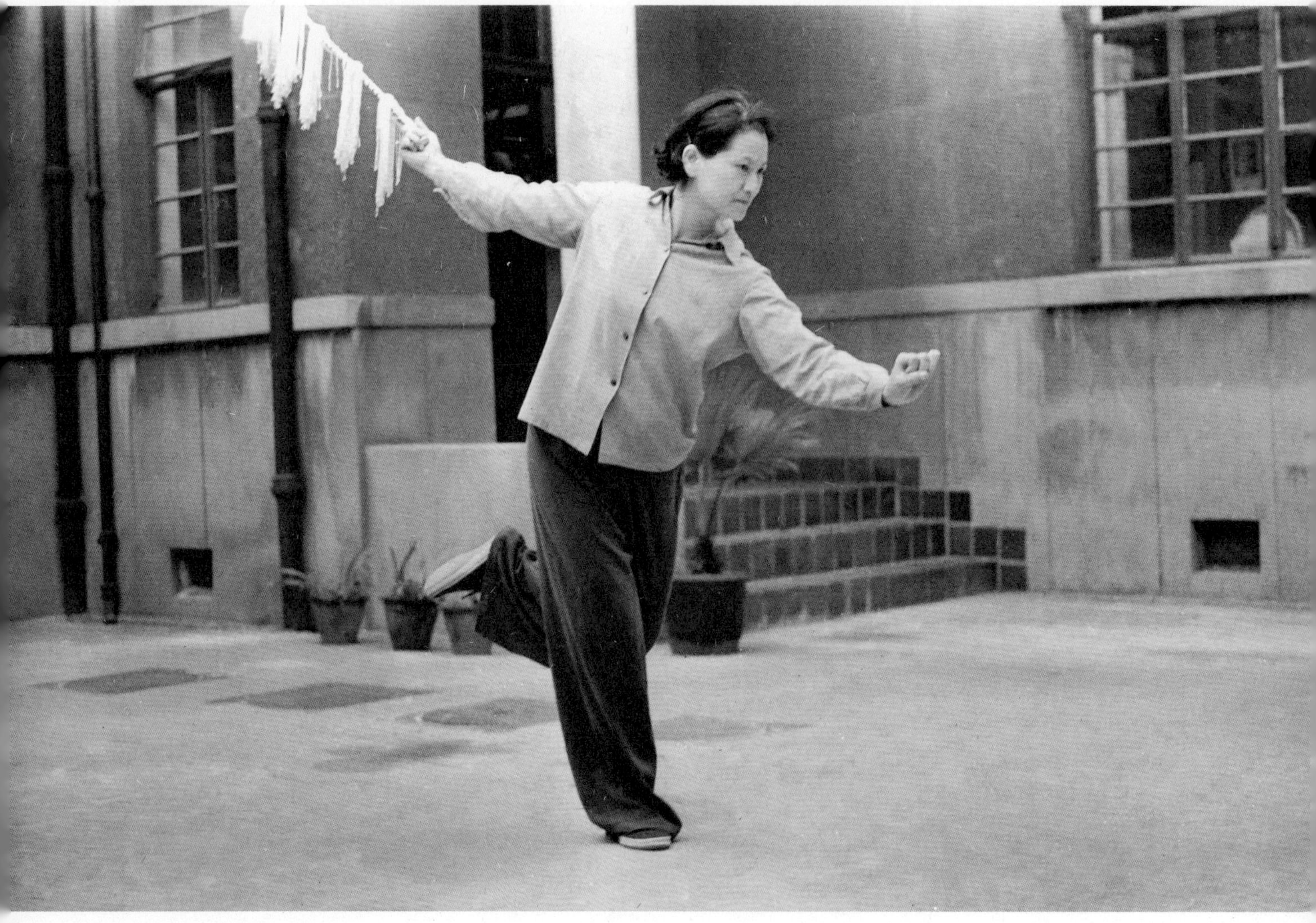

20世纪70年代末,母亲在上海越剧院的办公楼前练习"趟马"。

"拳不离手,曲不离口",母亲又拿出了年轻时的"狠"劲,发誓要把损失的十年夺回来。她抓紧所有时间练功,心心念念都在舞台上。

在刻苦训练下,她的武功很快恢复到当初鼎盛时期的水平,跌打腾挪,收放自如。

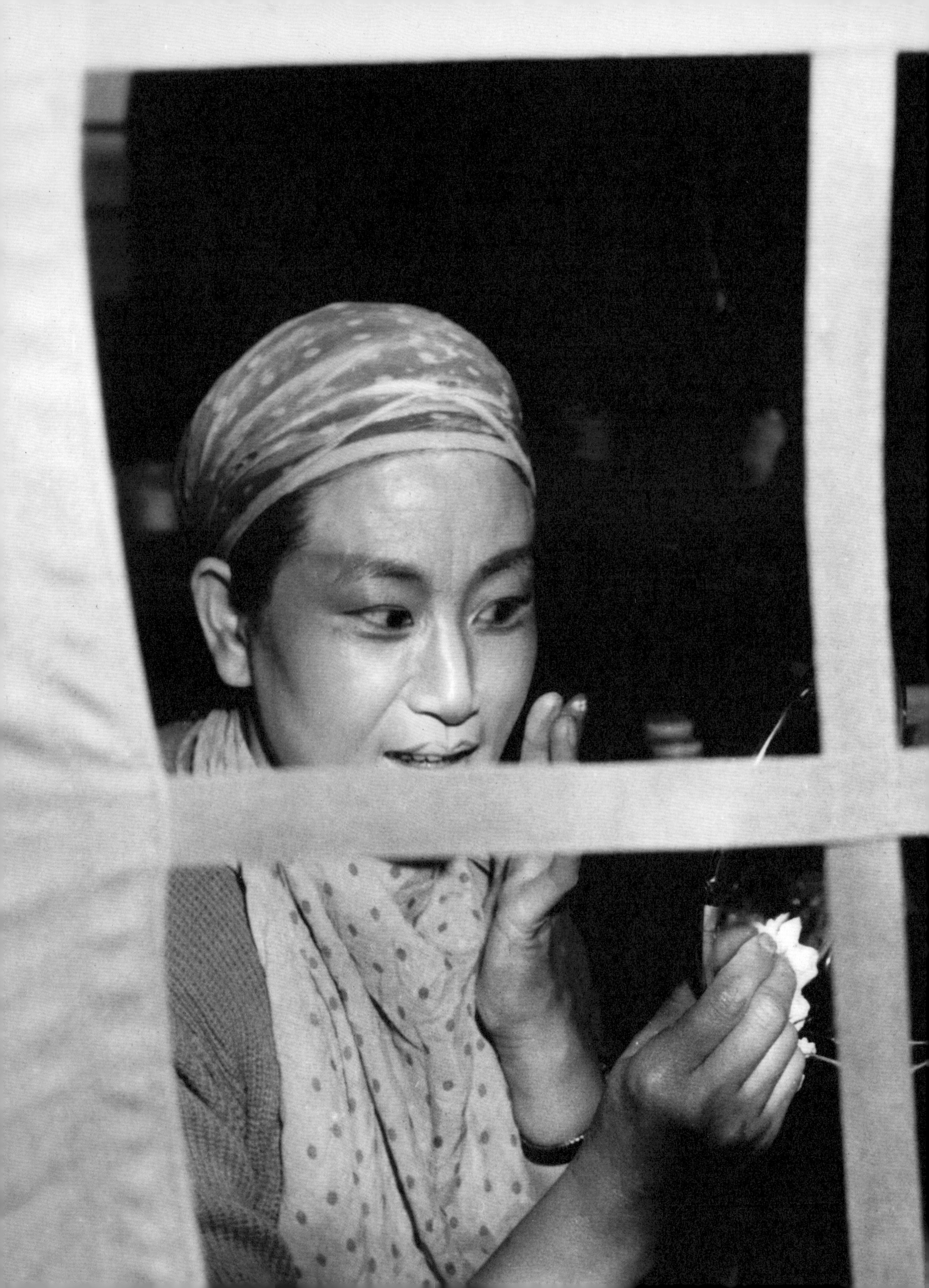

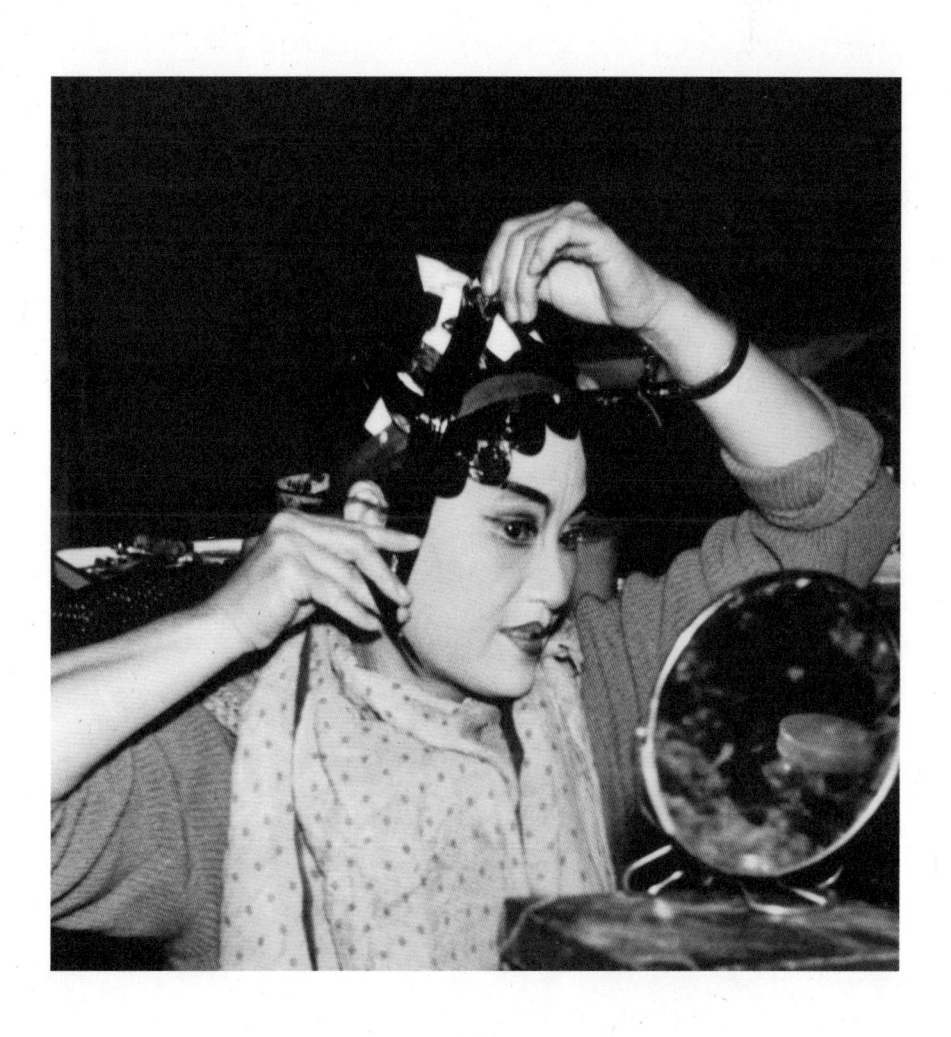

■ 20世纪70年代末，母亲演出《盘夫》时在后台化妆。

■ 上图：1983年，母亲演出《葬花》后向观众谢幕。
■ 左上图：1979年，《书房会》剧照，丁赛君饰演徐文秀，母亲饰演蔡兰英。
左下图：1979年，《盘夫》剧照，徐玉兰饰演曾荣，母亲饰演严兰贞。
右图：1980年，《孟丽君》定妆照。
跨页组图：20世纪80年代，母亲的工作照。

那几年，我正上中学，几乎见不到母亲。她演出结束深夜才到家，我已经睡着了。第二天早晨我去上学，她还在熟睡。没过多久，到8点钟，母亲的身影就会出现在越剧院的练功场了。我家门前的走廊也是母亲的练功场，记得她60多岁时还经常倒立，着实把我和父亲吓得不轻。节假日她更加繁忙，不是正在演出，就是在去演出的路上。

1979年，上海越剧院一行赴广西、云南边防慰问演出，母亲和徐玉兰阿姨演出了《盘夫》，女子越剧首次开禁。回沪后，母亲又演了她的拿手传统戏《沉香扇·书房会》。1980年3月，全女子新编越剧《孟丽君》首轮演出，连演连满三个月，母亲饰演的孟丽君深受观众喜爱。

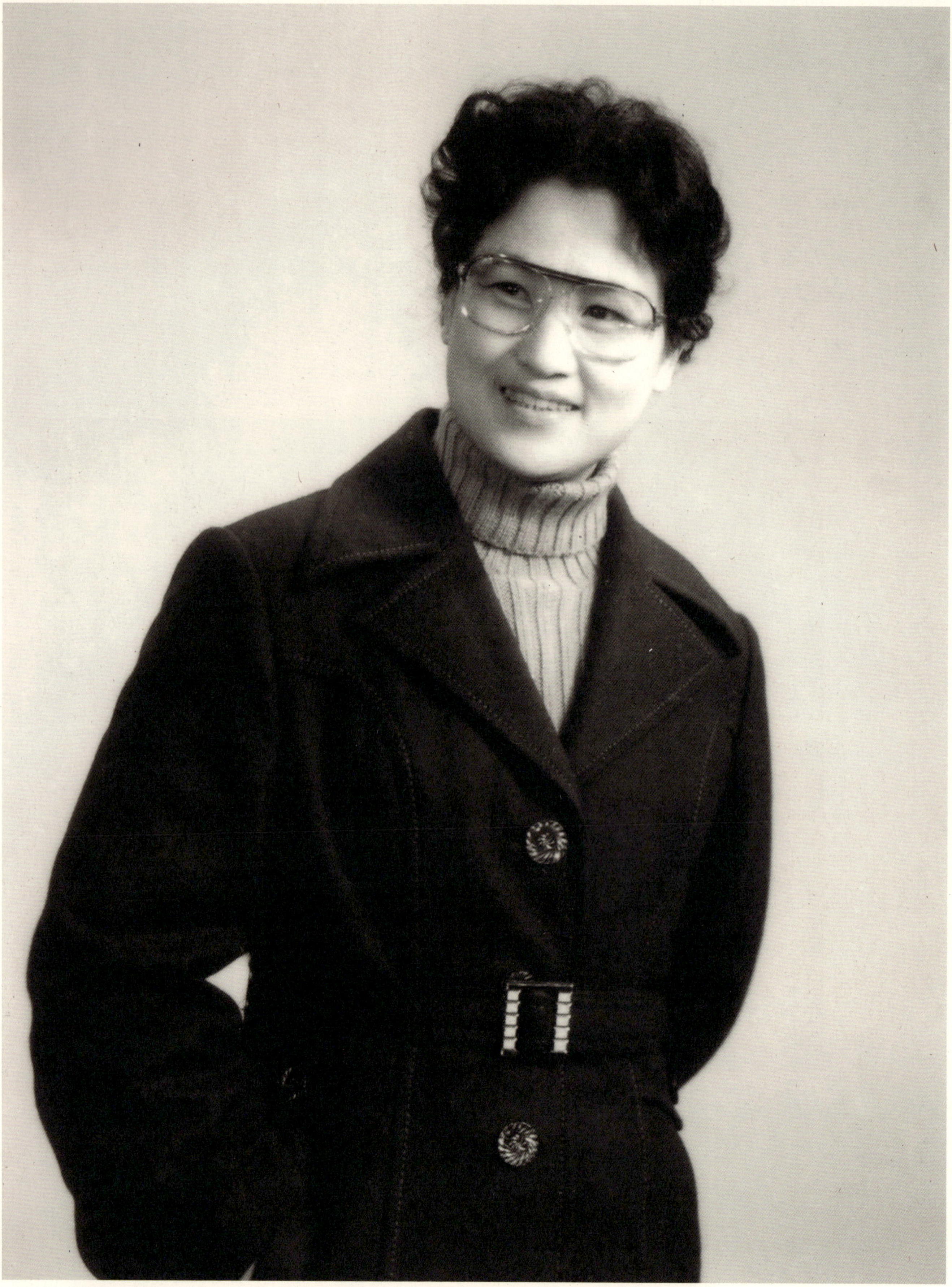

■ 20世纪80年代初期的母亲
■ 左图：母亲和红楼越剧团的同事们
　右图：下乡演出时的母亲

　　1985—1986年，上海越剧界的大事之一，就是徐玉兰阿姨和母亲共同组建了"红楼越剧团"。

　　在"大锅饭"的旧体制下，日子倒也没什么不好过，有一些戏演，也有工资拿，不过戏演得不算多，尤其是新戏上演少，同时，由于演出人员众多，行当重叠，大家挤在一起，有的人很久也演不到一场戏，造成人才浪费。对此，母亲与玉兰阿姨看在眼里，急在心里……当时母亲已届花甲之年，按理可以偃旗息鼓，退居二线，坐享清福。但为了探索新时代、新形势下越剧的出路，母亲与徐玉兰阿姨一起，冲破重重阻力，成立了"红楼越剧团"。

　　红楼越剧团由上海市文化局确定为剧团体制改革的试点单位，在经济、人事、演出三方面基本上独立，但不脱离上海越剧院的建制。在经济上，上海越剧院不再发给包干经费，红楼越剧团需要自负盈亏。作为首任团长，母亲在红楼越剧团成立大会上坚定地表示："只要需要，我们就是打起背包，住在后台，也心甘情愿。"她在做一个梦，一个涌动着"创业"理想和勇气的梦。

　　新的剧团几乎是白手起家，一针一线，大部分服装、音响、灯光，甚至放钱的银箱，都需重新置办。为生存，先要"资本积累"。那一年我大学即将毕业，听说母亲带团在外地巡演，舍不得住宾馆，总是带头睡在后台的衣箱上、地板上，这让我心疼不已。

1986年演出《皇帝与村姑》时，母亲在后台化妆。

1986年，母亲演完《皇帝与村姑》后，便将担子交给了年轻一代，之后她主要演《焚稿》《游上林》《书房会》这类折子戏。红楼越剧团的当家生旦是汪秀月和张月芳，为提携中青年演员，每次演出，母亲都坚持陪到最后为她们站台谢幕。

■□ 1987年，《神王恋》剧照（上海越剧院红楼越剧团）。
□■ 《神王恋》中慧清的定妆照

1987年，母亲在《神王恋》中饰演出场不多的配角慧清，演过几场之后，换为青年演员登台。这是母亲舞台生涯中最后一出完整的原创新剧。

301

那几年，渴望学习越剧艺术的青年越来越多，无论是专业演员还是业余票友，无论是不是王派学生，母亲都不遗余力，倾己所有。对上门请教的青年演员留宿留饭，在我家是太平常的事了。母亲深知剧团要想发展，"人"是第一位的。她和玉兰阿姨想了许多办法，吸收、培养了一批新人接班，这批新人逐渐在上海越剧舞台上成为主要的演出力量。

母亲不太爱说话，早年还是个不敢和外界接触，甚至对陌生人有些恐惧的小姑娘，而今想要改革就必须当"出头橡子"。年已花甲的母亲，要和方方面面打交道，应对各种矛盾冲突，也不知她从哪里来的力量。母亲说："我这个人'一根筋'，想好了什么是对的，是在前进的，就会坚持做下去。"

在改革试行的两年中，"红楼团"通过复排、创作、改编，总共上演了11台大戏，跑过广州、汕头、深圳、福州，以及安徽、江苏、浙江等许多地方，出访过新加坡、泰国，参加过香港举办的中国地方戏曲展等重要演出。1989年，红楼剧团尝试和泰国正大集团联营，成为文艺界第一个"中外合资"的剧团。

"不少越剧女演员没戏可演，冷天聚在一起晒太阳。不改革，怎么办？人要是没活力，慢慢地消磨消磨，就完结了。"——要多多演戏，是母亲的执念。直到最后住院期间，她还在说："要给小青年们多排戏咯，演员嘛，精力要放在演戏上。"

■□ 66 岁的母亲
□■ 71 岁的母亲

　　母亲退休后，仍旧忙个不停，家里依然见不到她的身影，不是忙着拍影视剧、整理资料，就是开讲座、教学生。而演"林妹妹""孟丽君"等角色，她则乐此不疲，一直演到 71 岁。

■ 母亲的第一次个人艺术回顾展演顺利落幕,那一年我的女儿（妹妹）8岁,见证了外婆的辉煌。

　　2006年,母亲举办了"王文娟越剧艺术回顾展演"。我带女儿去剧场,看到很多学生年龄段的观众拉出横幅,高举着母亲的大幅剧照,在演出前一遍又一遍地齐声高呼"王老师,我爱你!王老师,我爱你!",好像明星在体育馆举行的演唱会一般。太意外了,我没有想到80岁的母亲,已经离开舞台20年了,还拥有这么多年轻的戏迷。

"专场"的排练现场

2016年,早春的寒气还没有消退,90岁的母亲在家里身着旗袍,脚蹬高跟鞋练习走路,准备举办"千里共婵娟——王文娟王派艺术专场"。

这是一台"不讨喜"的专场演出,所选节目并非观众耳熟能详的《红楼梦》《孟丽君》等,而是因各种原因未能传播的早期作品。母亲一心期待学生们体验王派艺术从雏形走向成熟的历程,教学生追根溯源,从这些早期作品中汲取她的经验,摒弃她的不足。母亲把一个大课堂搬上了舞台,还敢放胆请观众来见证她的教学过程。

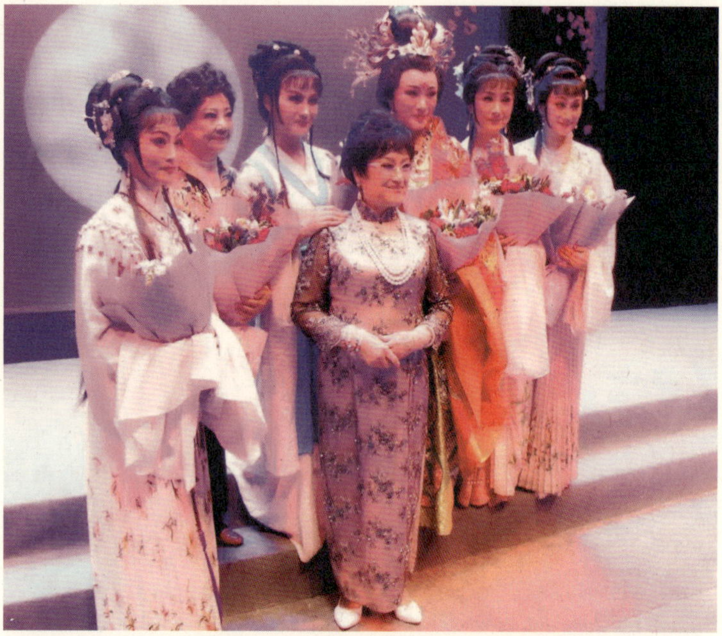

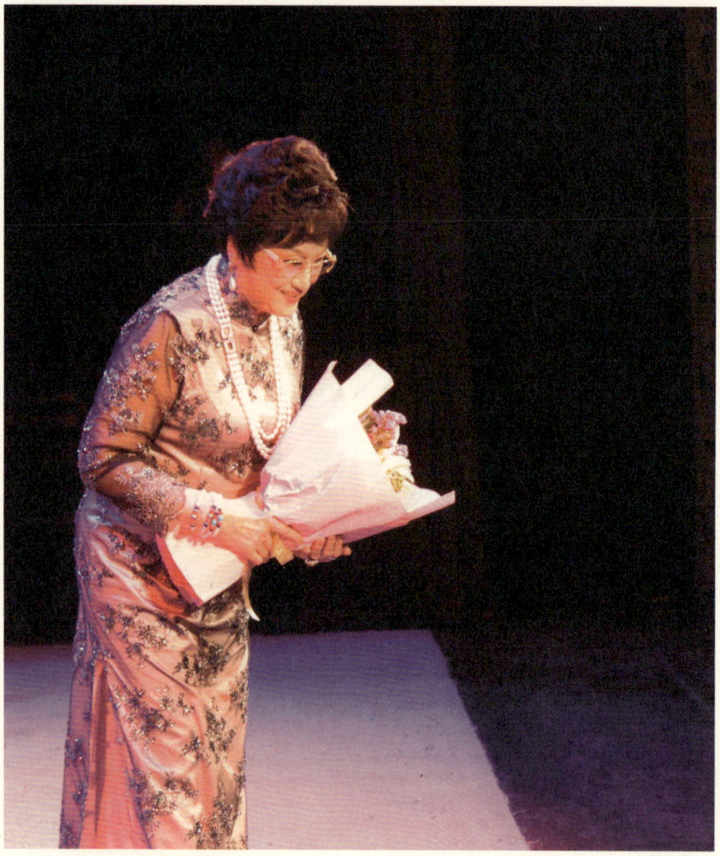

上图：演出结束后，母亲与学生们合影。
下图：母亲向观众致谢。
母亲与学生王志萍

　　2016年3月，"千里共婵娟——王文娟王派艺术专场"在上海连演三天，又于5月赴绍兴演出一天，场场爆满。许多观众含着眼泪观看了母亲最后一次正式登台演出。

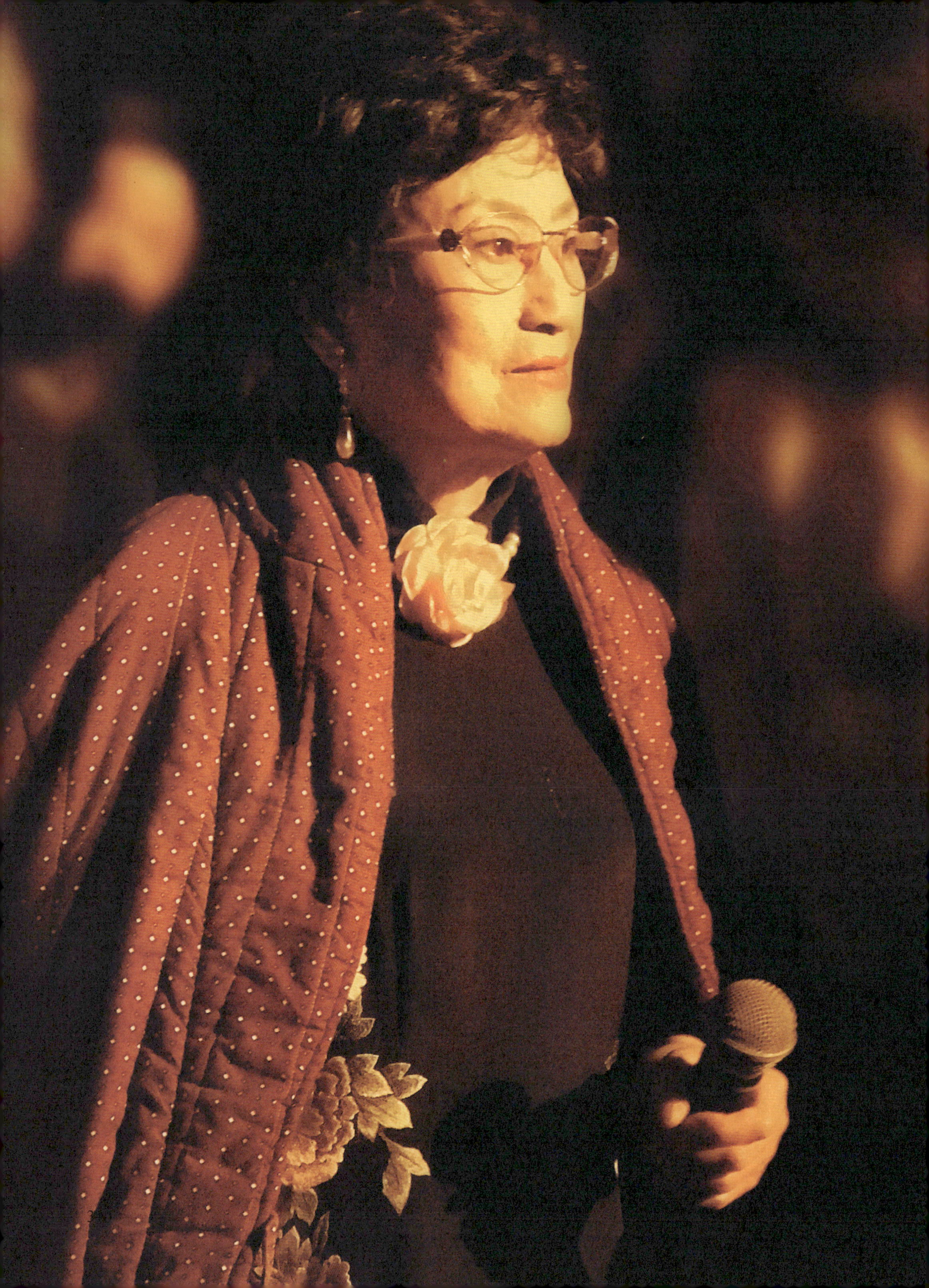

■□ 2017 年 4 月，母亲获第 27 届上海白玉兰戏剧表演艺术奖终身成就奖时在后台候场。
□■ 2019 年，母亲在第七届上海文学艺术奖颁奖现场。

  2019 年 10 月 16 日晚，在第七届上海文学艺术奖举行颁奖典礼的舞台上，93 岁的母亲一身蓝衣一头华发登台领取"终身成就奖"。

  这一年 10 月，母亲荣膺 2019"中国文联终身成就戏剧家"荣誉称号。我代母亲去福州领奖，深深感受到了观众们对母亲由衷的喜爱。

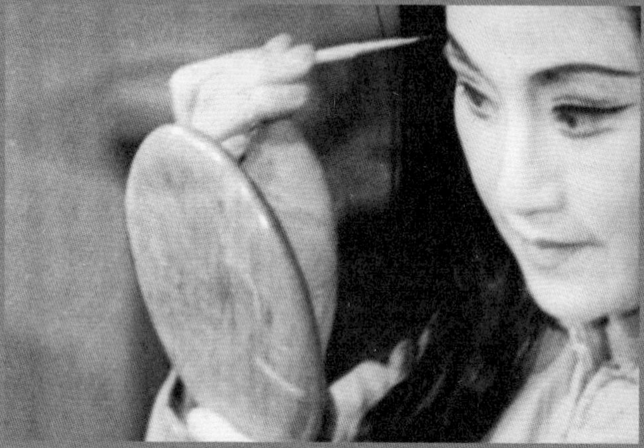

第二章 "性格演员"

母亲喜欢尝试不同类型的角色，她曾说："创作过程本身充满了乐趣，对自己的表演也是一种突破。"

在母亲塑造的艺术人物里，"林黛玉"最为人们所熟悉，大家自然而然地就以为王文娟最擅长温雅端庄的闺门旦。殊不知，母亲一路走来，曾经塑造了200多个形形色色的女子形象：为了中华民族的解放慷慨捐生的杨开慧、不惜手段攀上九五之尊的武则天、救了皇帝却不求回报的村姑张桂兰、为了义军大业含悲牺牲爱情的慧梅……业内评价母亲具有"一人千面"的本事，称赞她戏路宽广。随着对母亲的越剧艺术越来越了解，我也理解了母亲为什么会有"性格演员"的称号。

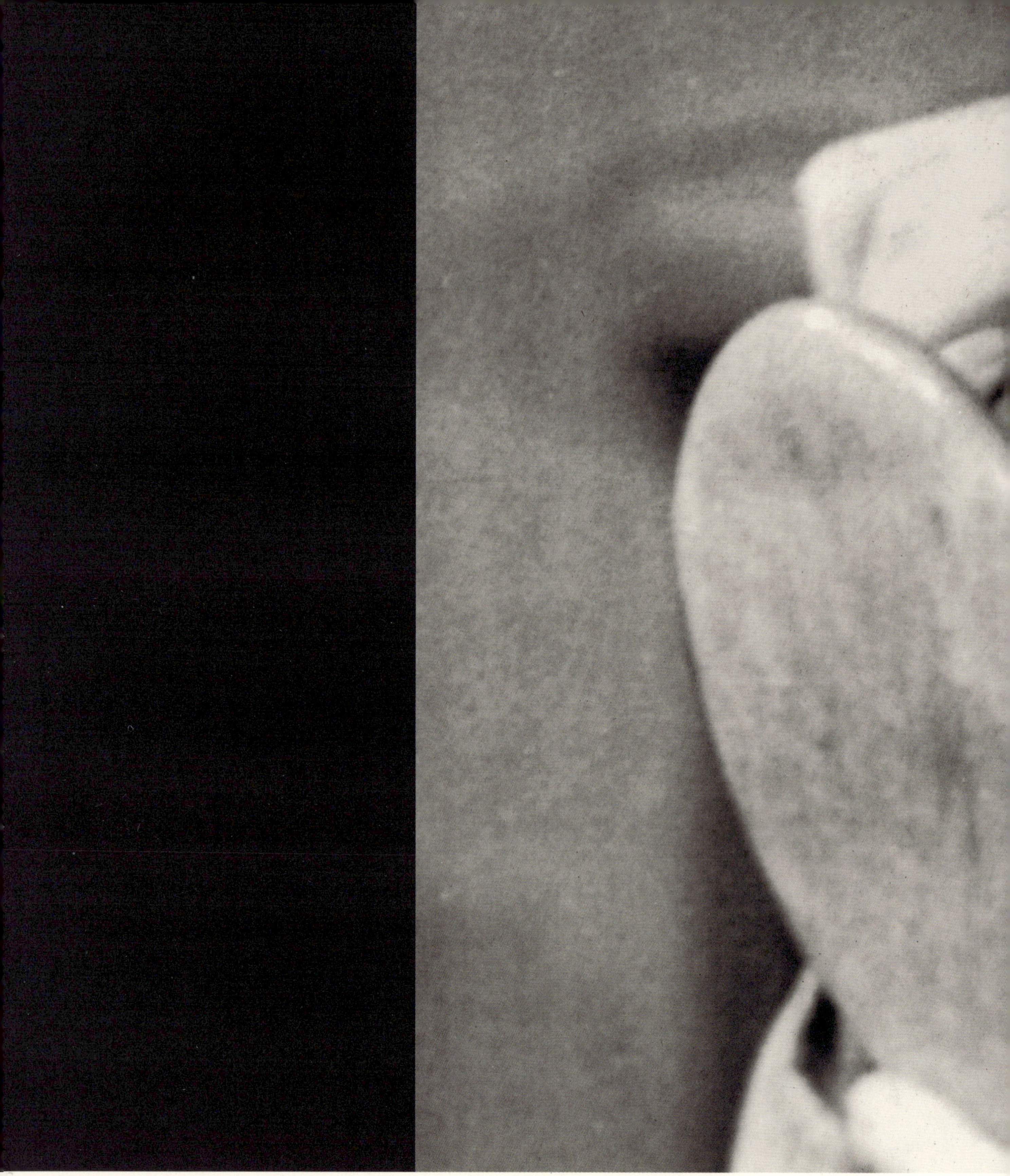

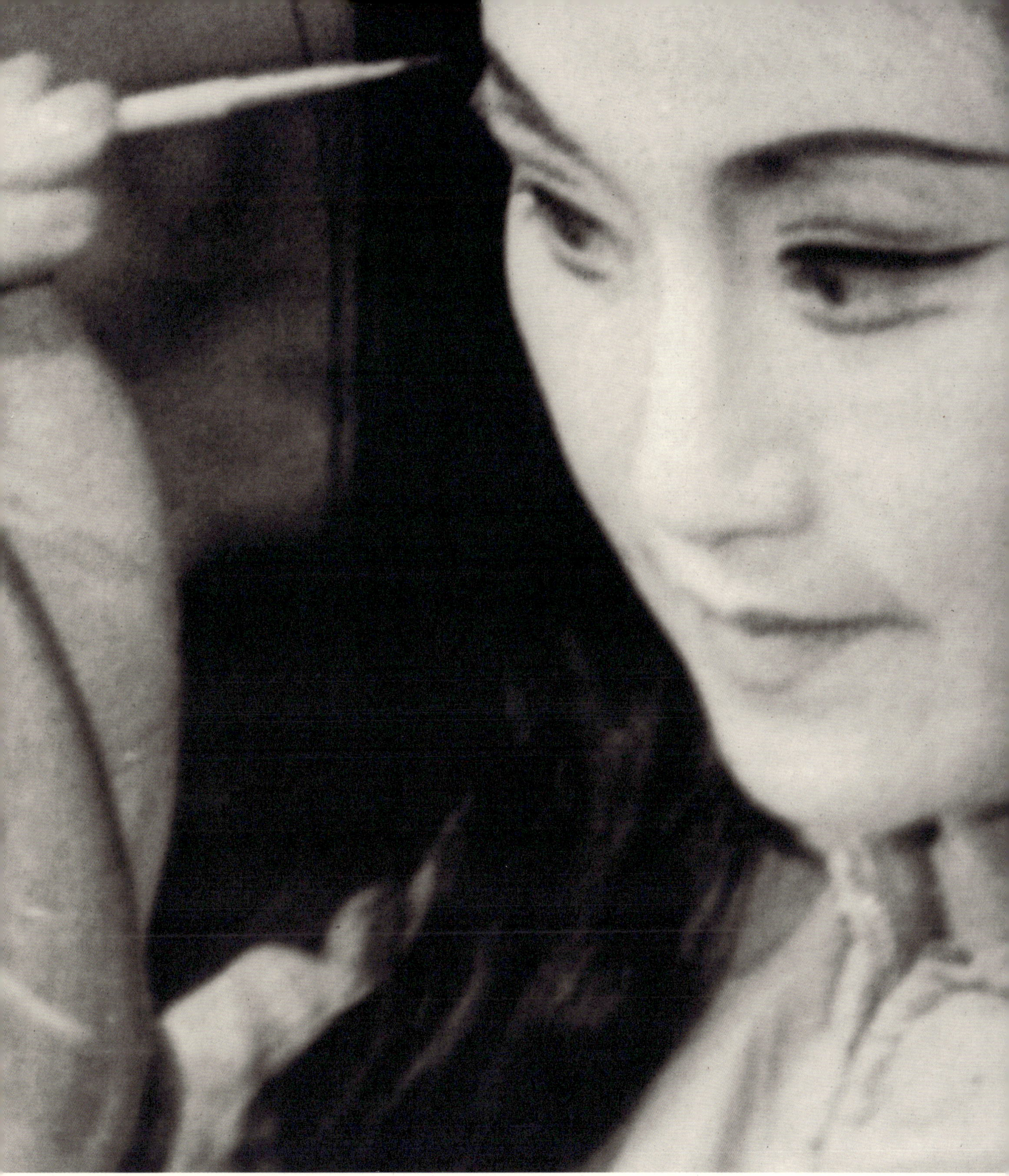

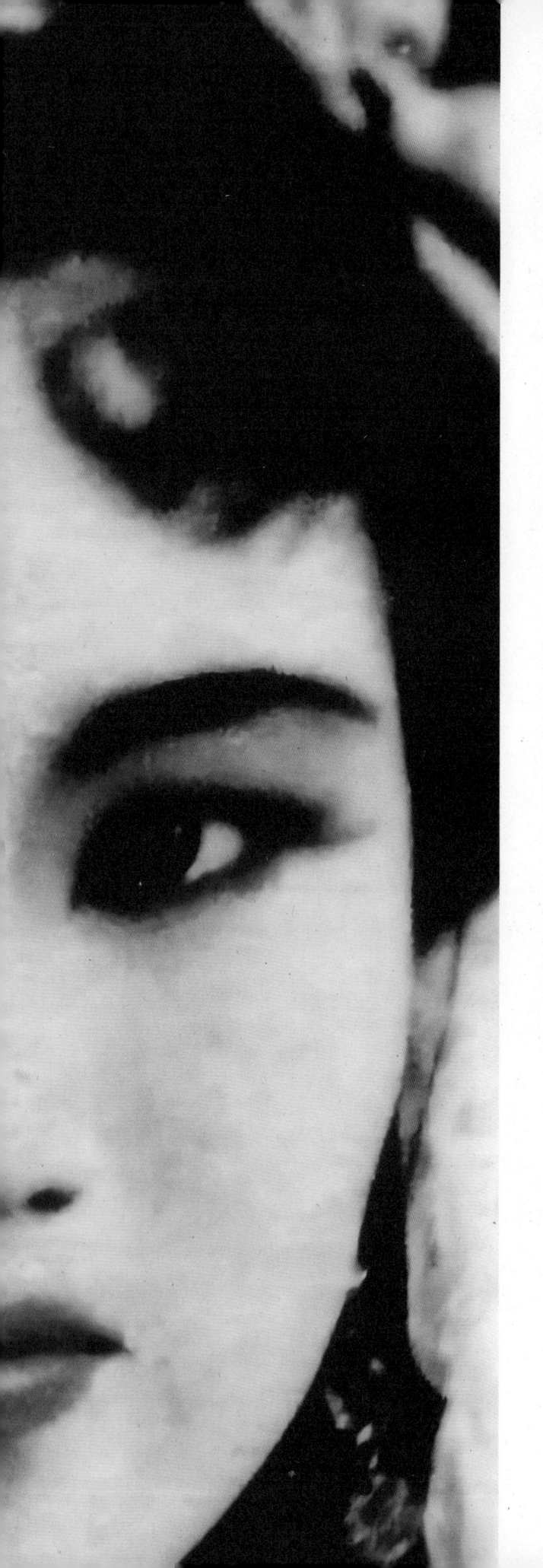

一人千面

　　1938年母亲作为随团学员进入表姐竺素娥所在剧团开始学戏。随团学员和科班学戏有很大的区别。在科班学戏，往往一开始便由老师根据学员的天赋、资质分派行当，而随团学员则什么都要学，从龙套到主角的戏都要会。在这样的学戏机制下，母亲自进团开始就要学习各个行当，偶尔遇到二路、三路演员请假，不管是哪个行当，都要及时顶上去。她曾经演过童生、花旦、青衣、泼旦，甚至花脸和老生等等，这些都为母亲以后塑造不同类型的人物打下了坚实的基础。

　　较好的艺术氛围和名角的引领熏陶，也为母亲日后创立旦角王派艺术提供了丰厚的养料。母亲刚踏进越剧大门即进入了"越吟舞台"剧团，"越吟舞台"是抗战期间来上海最早、立足最久、口碑最好的早期"三最"越剧戏班，由姚水娟和竺素娥领衔。母亲的表姐老师竺素娥有"越剧盖叫天"的美称，武戏出众，母亲跟随她学习，自然武旦的戏演来都能轻松自如。姚水娟不但是观众评选的"越剧皇后"，还是越剧改良的先锋人物，是20世纪三四十年代越剧的头号大明星。我后来才知道，母亲是姚水娟的小粉丝，她非常崇拜姚水娟的表演艺术，经常躲在侧幕"偷戏"。母亲日后的拿手戏《沉香扇》中就有一些表演细节是从偶像姚水娟那里"偷"学的。

　　学艺时期是母亲艺术生涯的磨炼和积累期，期间她又不断从王杏花、支兰芳、小白玉梅等名旦那里"偷戏"，积累了大量剧目，塑造了各式人物，不断融入自己的体验与感悟，逐渐形成了自己的风格。

1979年，从舞台一侧拍摄的《书房会》。

经典回放

1957年，上海人民美术出版社印制的《春香传》年画。

　　《春香传》自朝鲜同名唱剧移植而来，描述了艺妓之女成春香和使道公子李梦龙一见钟情私订终身、历经磨难终成眷属的爱情故事。创作春香这个角色时，母亲刚从朝鲜归国，她和团里姐妹们曾经跟朝鲜老师学过端午节的菖蒲舞，也向当地老百姓学习了古代朝鲜的风俗礼仪。在朝鲜八个月的经历，使得母亲具备了深切的"下生活"体验。从《春香传》开始，母亲运用了斯坦尼斯拉夫斯基的表演理论，走入角色将自己化为"春香"，真正体验人物的心理活动。她努力挖掘"春香"身上的闪光点，在笔记中写道："春香不但很美丽，并因自幼勤读诗书，有文才，能赋善歌。母亲月梅的悲惨命运和对春香的希望——希望她能做一个堂堂正正而不被人玩弄的人，对春香的影响是很深刻的。"在母亲的理解中，春香身为退妓的女儿、一个贱民，却洁身自好，她的爱情必须建立在平等基础上的两情相悦。无论处于何种境地，尽最大可能地保持自己的尊严——这是春香的信念。

　　在随后的创作中，母亲为春香设定了柔韧坚毅、自尊自爱的基调，动作是文雅内敛的，然而因为赋予了春香不同于一般闺中女子的刚烈倔强，使得这个人物又具有极强的爆发力。观众评价母亲饰演的春香独具风范，不依附任何一个人，有强韧刚硬的金玉之骨在其内，忠实于爱情，更忠实于自己。现在看来，母亲塑造的古代女子春香，颇具现代个性，所以才深受观众的喜爱吧。

1954年,《春香传》剧照,徐玉兰饰演李梦龙,母亲饰演春香。

《追鱼》,无论是在越剧发展史上,抑或在母亲的艺术生涯中,都是非常重要的一出戏。该剧描述了碧波潭中的鲤鱼精爱上了投靠岳父而又遭到冷落的穷书生张珍,于是变作了相府千金牡丹小姐的模样,每晚与张珍在花园私会。之后,"事故"不断,上演了两个小姐大闹相府,真假包公审真假牡丹的好戏。鲤鱼精被天兵天将一路追杀现出原形险些丧命,最终她不愿成仙,在观音的帮助下拔去三片鱼鳞转为凡人,与张珍结成夫妻。

母亲考虑到女主人公即使幻化成了人形,本质上还是条鱼,便根据鱼儿灵动活泼的特征设计动作,在千金小姐娇俏柔美的形体中糅入鱼的俏皮、活泼等特点。当鲤鱼精从水下冉冉升起时,母亲用云步轻移上岸,水袖遮面,一忽儿好奇地窥探,一忽儿遮脸含羞偷笑,如此一放一收,一张一露,活脱脱的鲤鱼仙子就在舞台上立起来了。《追鱼》中又有很多武功戏,母亲都能游刃有余地表现出来,并将人物彼时的心理状态融入举手投足中。鲤鱼精是仅仅修炼了五百年的小妖,仙力不足,被天将追杀,母亲认为,这时候不能为"打"而"打",该弱则弱,要在打戏中表现出鲤鱼精的狼狈无奈、仓皇失措。戏曲的武戏为了表现技巧常常游离于人物个性之外,而母亲要求技巧一定要服务于人物,再漂亮再精彩的打斗场面,如果背离人物形象,都应该放弃,否则就成了炫技。

1959年8月,《追鱼》由上海天马电影制片厂摄制成彩色戏曲艺术片,引起轰动。影片运用特技突出了神话色彩,同时保留了越剧特色,具有很高的审美价值。母亲在影片中一人双角,饰演鲤鱼精和相府千金金牡丹。同样装束、同样唱词、同样身段的两个人物,母亲用神态与表情的细微差别将两人迥然相异的性格与心理区分开了。

1959年,《追鱼》电影海报。

左图：漫画家丁聪先生所画"金牡丹"
右三图：母亲在电影《追鱼》中一人双角，两张面孔活现出两人不同的个性。

325

越剧电影《红楼梦》剧照

　　1962年拍摄的越剧电影《红楼梦》于1978年恢复上映，创造了中国电影历史上的观影奇迹。"天上掉下个林妹妹"成为母亲的代称，在20世纪七八十年代家喻户晓，人人皆知。

　　过去有影评曾说："仿佛是一夕之间，越剧电影《红楼梦》中林黛玉的扮演者王文娟的身份改变了，她由一位越剧名伶变成了当时中国最红的电影明星。"也许母亲是越剧界第一个凭本工"出圈"的演员。

翻阅母亲一本本"演出手记",我感叹《红楼梦》确实是她花时间和心血最多、"学问"做得最深的一出戏。1982年,母亲接受邀请,参加了全国红学家召开的《红楼梦》学术讨论会,对创作"林黛玉"的形象做了专门的阐述,许多论点都十分精到,博得了专家们的交口称赞。譬如,如何看待宝黛爱情中黛玉的小性儿,母亲是这样阐述的:"林黛玉的感情非常真挚和纯洁,特别是她对贾宝玉的爱情。她要争取这样一种理想生活。她的争取,不是去投靠人家、讨好人家,或者用什么手段来利用人家,而是用自己的真诚感情来换取。她把自己的生命与自己的理想生活连在了一起:有了她的理想生活,她就有了生命;没有了她的理想生活,她就没有了生命。"

母亲给林黛玉的定位是"具有丰富细腻的感情以及诗人气质"的古代少女，她"具有追求自由、幸福的理想生活和不满封建礼教的叛逆性格"，"内心经常处于自我矛盾中，但她还是坚持了自己的生活理想，而且为了争取到它，始终不妥协"。母亲对林黛玉的"笑"和"哭"都做了详细分析，有着精到绝妙的见解，并把对林黛玉形象的塑造，具体设计成了三个阶段，通过《读西厢》《葬花试玉》《焚稿》三个重头戏，将少女林黛玉从爱之萌动到爱之探询再到爱之毁灭的心理过程展示出来。在《葬花试玉》一场中，专家和观众评论母亲的高超之处，就在于把黛玉"露"与"藏"都表现得非常到位，不知不觉引领观众走进了黛玉的内心深处，为她情感的细腻律动而击节叹息；而在《焚稿》一场中，专家和观众又称赞母亲的表演，淋漓尽致地展现了黛玉火花般短促，然而不屈的一生。

■□ 《红楼梦》剧照
□■ 《红楼梦》开拍那年，母亲36岁。

《则天皇帝》1959 年 6 月在上海公演，母亲从"武则天"在安业寺演起一直演到老年，全剧长达 4 小时，让母亲演得很过瘾。

一个女人登上皇帝的宝座，这在当时会引起多大震动。武则天在几十年的政治生活中，积累了相当老练的斗争经验，她一面积极收罗人才，充实自己的力量；一面广开言路，革新旧政，以树立威信，巩固地位。

在母亲看来，武则天是一个大胆、果断、坚毅、机智的女性，这种性格随着她在政治上的逐渐成长而发展。作为一个上承贞观下启开元，衔接两朝盛世的女皇，武则天具有杰出的政治才干和高逸的政治风度。她不同于母亲以前演过的任何一个小家碧玉或大家闺秀，因此母亲认为不能完全依靠过去的表演经验，要对武则天登基后的舞台形象处理，尽量脱掉旦角的脂粉气，表现她精神开朗、动作洒脱，观察敏锐犀利，处事果断练达，体现出一位成熟的政治家应有的风度。经过一番思考后，母亲主要从两方面着手来创造人物形象：第一，从史书和民间传说中寻找有关武则天的事迹，分析人物性格；第二，在现实中观察生活、观察人物。

1959年,《则天皇帝》剧照,丁赛君饰演高宗,郑忠梅饰演狄仁杰,母亲饰演武则天。

左图：在后台，母亲为饰演高宗的丁赛君阿姨整装。
右上图：著名画家程十发先生观看《则天皇帝》后，非常欣赏母亲的表演，为该剧绘制了10幅画。
右下图：《大公报》的报道

　　《则天皇帝》的演出获得巨大成功，到深圳巡演时，很多香港观众赶到深圳看戏。《大公报》称赞说："王文娟从武则天的青年、壮年至老年的各个阶段一直演下去，不但各个阶段的表情和动作都和年龄很相称，而且越演越妙，令人叫绝。""她把武则天演活了，既威严又温柔，动作非常细腻，把宏才伟略的、坚定果断的武则天刻画得淋漓尽致。"

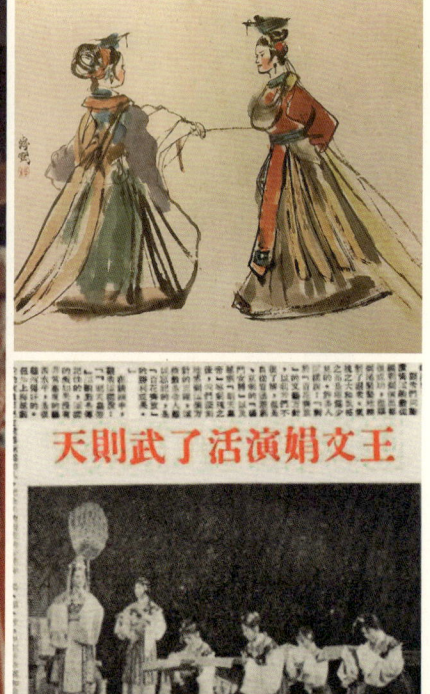

武则天定妆照

□ 20世纪80年代出版的越剧《孟丽君》年画

1980年3月22日,根据丁西林同名话剧改编的全女子越剧《孟丽君》由上海越剧院二团在九江路的人民大舞台公演,母亲饰演孟丽君。该剧每天日、夜两场,只有星期一可以休息半天,连演连满了三个月。

同年夏天,上海电视台日夜赶工,仅用一个星期就完成了三集电视艺术片《孟丽君》的拍摄,在上海播出的收视率很高。许多戏迷说:"到了播出时间,家家户户都在看《孟丽君》,不用进哪户人家,从一条弄堂开始走,走过五六条弄堂,就可以把《孟丽君》完整地听一遍,火得不得了!"我总以为戏迷们出于对母亲的热爱,形容未免夸张,然而很快就查阅到一条文献资料:在上海电台举办的听众最喜爱的戏曲唱段活动中,《红楼梦》名列第一,《孟丽君》名列第二。孟丽君,继林黛玉、鲤鱼精之后,成为又一个在全国产生较大影响力的越剧经典角色,许许多多北方的"70后""80后",也因为这部《孟丽君》,迷上了母亲的越剧艺术。

在《孟丽君》一戏中,母亲一半以上的场次以女扮男装出现,而且这个男装还是一位博古通今、安邦治国的丞相,她的气度、胸襟是祝英台女扮男装杭城求学、蔡兰英女扮男装逃婚出走所不可企及的。母亲饰演的"郦丞相",身架笔挺,不带丝毫的裙钗味道,而恢复女装后,既有女性的妩媚又隐含着做惯丞相的威仪。母亲拿捏得极其准确,神色中显示出来孟丽君不是一般的深闺弱女,而是心怀家国恨和儿女情,临危不惧、处乱不惊的女中豪杰。其实,单从剧本来看,新编越剧《孟丽君》依然像许多戏曲剧目一样——有情人终成眷属,大团圆式的俗套结尾使得孟丽君的形象与原著《再生缘》里相比,弱化了许多。当年,母亲并没有看过陈端生的原著《再生缘》,却一下子抓住了孟丽君独特的气质。她配合全剧轻喜剧风格,采用轻松、恣意的人物形态,演出了在游戏式交锋中屡获胜利的快感。这样的处理,将孟丽君心高气傲、意志坚定、果敢而独立于世的个性举重若轻地展现出来。母亲仿佛有天赋一般,从来没看过原著的她,通过对人物个性的精心设计、准确表达,使越剧剧本的孟丽君形象丰富了很多,并没有那么多柔情蜜意、儿女情长。她轻松洒脱的表演传递出一个强烈的信息:当了丞相的孟丽君极其"自在",高度适应和热爱改装后的新生活,无形中更接近《再生缘》

1980年，《孟丽君》剧照，丁赛君饰演皇甫少华，金美芳饰演皇帝，母亲饰演孟丽君。

中的孟丽君。我想，这跟母亲喜欢这类独立自尊、把命运掌握在自己手中的女子不无关系。母亲非常喜爱孟丽君，她认为，孟丽君绝对是光华灼灼、个性鲜明的一位。在母亲的一生中，或许演过很多个角色，但像这样令母亲"一见倾心"、被强烈吸引的角色是非常少的，林黛玉是一个，孟丽君又是一个。

《孟丽君》首演那年，母亲已经54岁，此后便成为她晚年常演的剧目。年满65岁的母亲多次率领红楼越剧团演出全本《孟丽君》，古稀之年还经常登台演出该剧《探病》《游上林》《天香馆》等折子戏。

母亲各个时期的"惊马"英姿: 1980年,时年54岁(左上); 1987年,时年61岁(右上); 1994年,时年68岁(左下); 1997年,时年71岁(右下)。

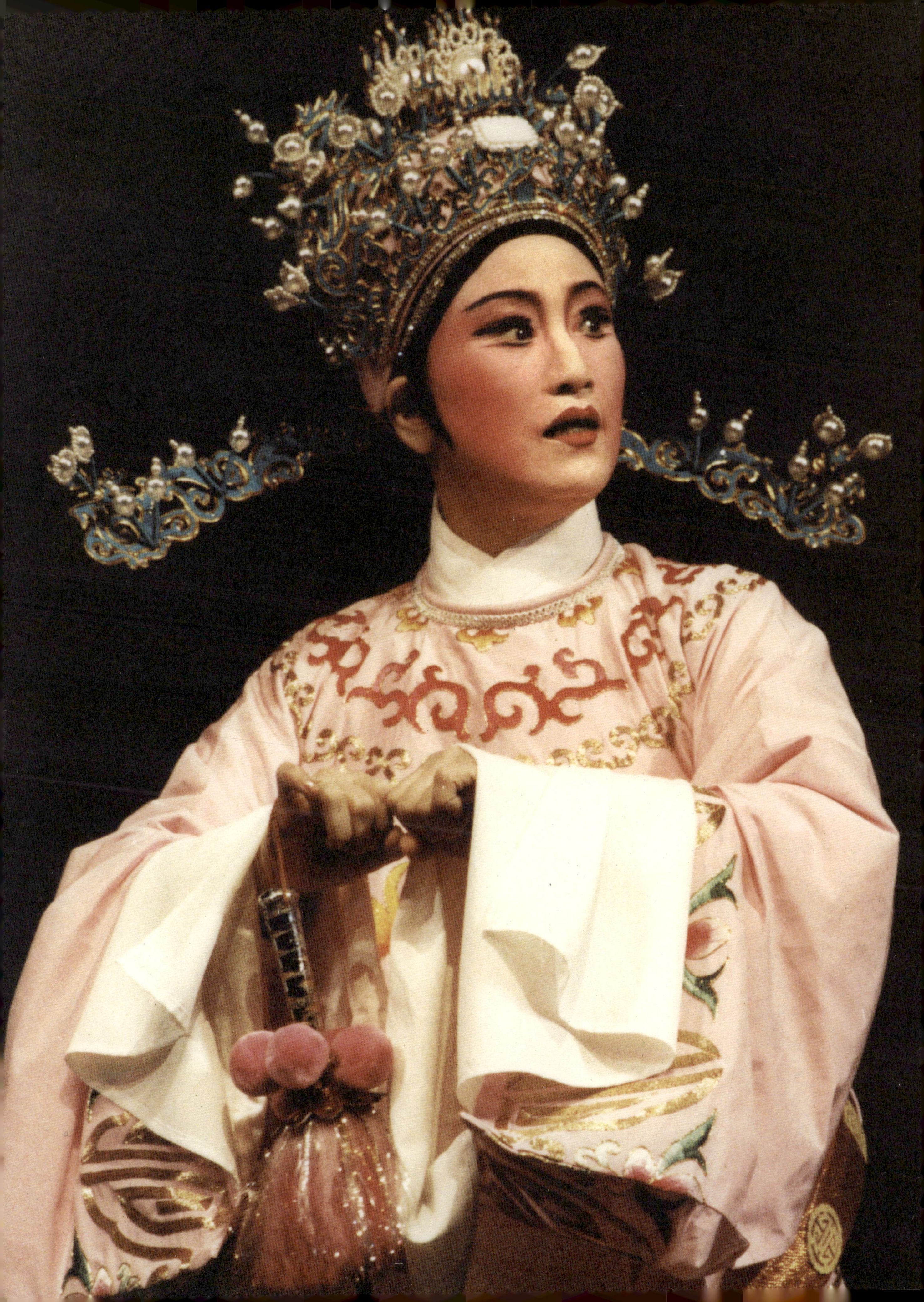

1977年，母亲成功地塑造了越剧舞台上的杨开慧形象，"记得当年清水塘"的唱段更是传唱不衰。《忠魂曲》这出戏写的是1927年大革命失败后，杨开慧带着儿子岸英与保姆孙嫂留在东乡板仓坚持地下斗争，被捕后坚贞不屈，不幸牺牲的英勇事迹。当时，越剧院很重视这出戏，集中全院力量，配备精兵强将，由薛允璜、薛宝根、张森兴担任编剧，黄沙、张森兴担任导演。母亲下决心一定要把杨开慧演好，既是为了自己的尊严，也是为她们这一代老演员赢得荣誉。

功夫不负苦心人，经过日复一日的强化练习，母亲曾经动过声带手术，又在"文革"中荒废了十年的嗓子，居然真的就这么练出来了，非但没有"倒"，还越唱越顺。1977年10月1日，《忠魂曲》首演于中国剧场，获得成功。剧中"狱中示儿"一场，母亲和编导、作曲共同探讨，避免了过去塑造英雄人物的常见病，在体现豪迈果敢的革命气概的同时，又演出了身为母亲的温柔与深情，这一唱段后来也成为保留曲目。

通过《忠魂曲》的排练演出，母亲觉得自己像是一个"大病初愈"的人，正在渐渐找回舞台上的感觉。

■□ 1977年,《忠魂曲》的说明书
□■ 1978年,《忠魂曲》剧照,母亲饰演杨开慧。

我小时候偶尔跟着母亲去逛街，会被母亲"忘掉"我这个小人的存在，走着走着，就见母亲自顾自地眉飞色舞起来。我着急地大叫："妈妈，你怎么啦？！"母亲经常这样忘乎所以地投入到她的角色中，走在路上也不闲着。我看到她在笔记中写着各种年龄人不同的步伐，非常佩服。母亲曾经说，角色的每一个动作、每一个眼神都要精心设计，但到了舞台上要随意呈现，不能让观众感到你是设计过的，表演要自然流畅，让观众轻轻松松地感受到演员所要表达的感情，这就需要戏曲的技术支持，平时练好了，才能随心所欲。这大概就是母亲成为"性格演员"的一个小小诀窍吧。

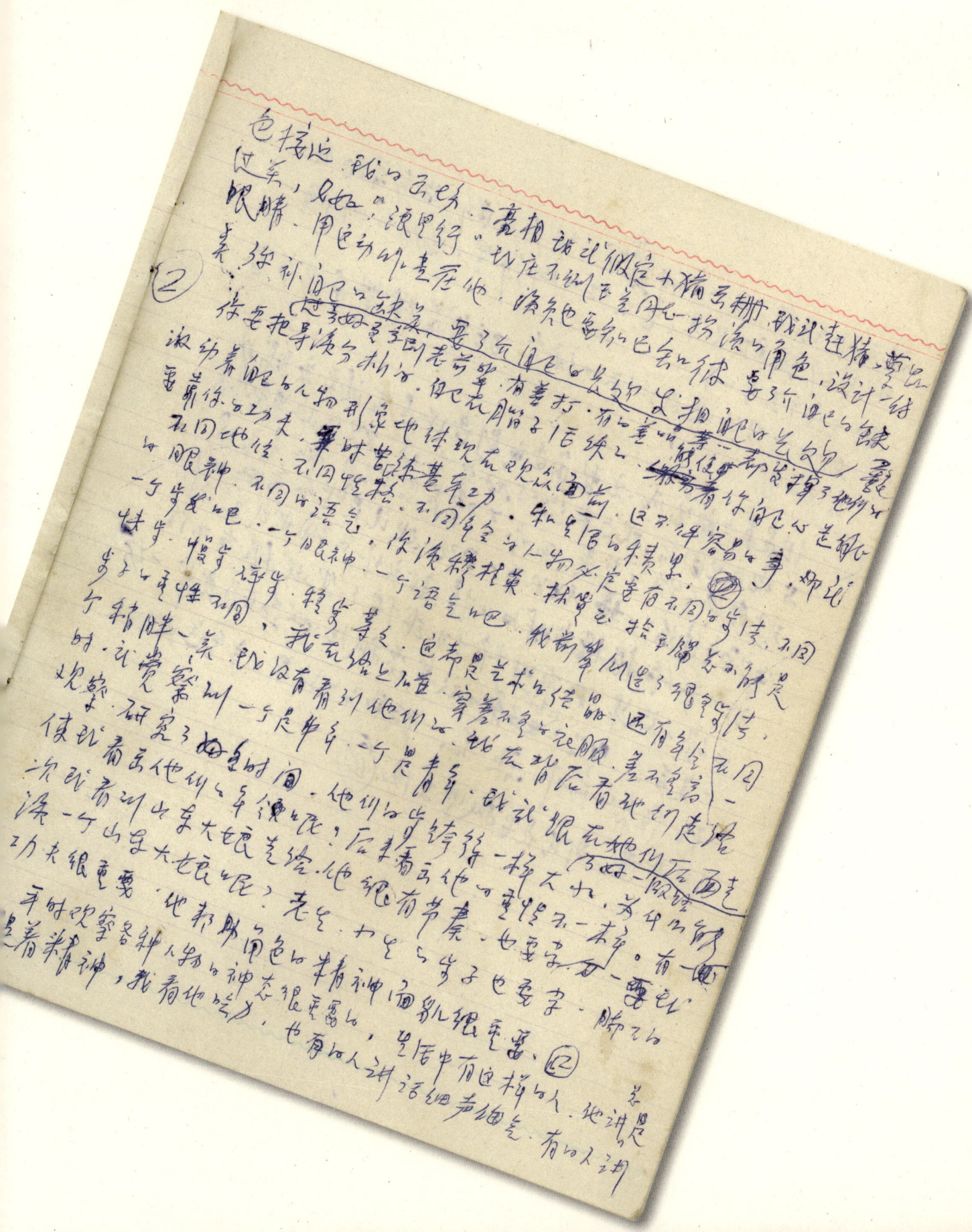

□ 我用剩下的作业本，经常被母亲拾去写笔记。

后记

　　在画册编制过程中，特别是在甄别和比对许多艺术篇中的照片时，我得到了影迷和戏迷们无私的相助。我曾经许多年生活在国外，回国后又奔波在自己的工作和小家庭之间，加之父母也忙于各自的事业，有些记忆产生了偏差，所以在编写画册的过程中，我翻阅了无数遍母亲的自传和于力、倩娜写的《孙道临传》，尽力和朋友们一起回忆父母的工作和生活片段，并记录下来。在此我要感谢方敬东、于建森、张勇、蒋国强先生为这本画册的出版提供了很多珍贵的照片和资料，也要感谢嘉善政协和文史委，赵令宾女士、李安瑜女士和曹可凡先生的鼎力相助，以及许多不愿留下姓名的朋友们的支持。

　　囿于本人学识有限，资料有限，也受到时间、视野的束缚，画册整理得还不够详尽、周全，因此而产生的不足或错误之处，敬请读者批评指正。

孙庆原
2023 年 7 月

图书在版编目（CIP）数据

未见沧桑：孙道临 王文娟艺术人生珍藏 /（德）孙庆原著；中国人民政治协商会议嘉善县委员会编 . -- 上海：上海人民美术出版社，2023.8（2023.9 重印）
ISBN 978-7-5586-2729-3

I.①未... II.①孙...②中... III.①孙道临—生平事迹—摄影集②王文娟—生平事迹—摄影集 IV.①K825.78-64

中国国家版本馆 CIP 数据核字（2023）第 100991 号

编　委 | 孙庆原　朱凯佳　顾新宇
　　　　 郁晓凡　戴雨颇　辛国瑞

出 品 人 | 侯培东
统　　筹 | 邱孟瑜

未见沧桑：
孙道临 王文娟艺术人生珍藏

著　者 | 孙庆原
编　者 | 中国人民政治协商会议嘉善县委员会
责任编辑 | 朱卫锋　张　璎
特约审读 | 李安瑜　周翠梅
设　计 | 张允榕　王兆煜
绘　画 | 朱凯佳
排版制作 | 魏翠连
图　片 | 张　亮
技术编辑 | 齐秀宁
出版发行 | 上海人民美术出版社
　　　　　上海市闵行区号景路 159 号 A 座 7 楼
网　址 | www.shrmbooks.com
印　刷 | 上海雅昌艺术印刷有限公司
开　本 | 889×1194　1/16　22 印张
版　次 | 2023 年 8 月第 1 版
印　次 | 2023 年 9 月第 2 次
书　号 | ISBN 978-7-5586-2729-3
定　价 | 358.00 元